授業をもっと面白くする！

中学校公民の雑談ネタ40

栗原　久 著

明治図書

はじめに

先日、高等学校で担任をしていた学年の同窓会が開かれました。元生徒たちは三〇代後半、仕事も私生活もそれぞれに充実している様子でした。

この会に参加していた一人が、次のように言ってくれました。

「先生の授業の内容はほとんど忘れたけれど、国連の話だけは覚えています。『United Nationsを〈国際連合〉と訳して誰も不思議に思わないけど、これを直訳すれば〈連合国〉だよね。だって、United Kingdomは〈連合王国〉と訳すのが普通でしょう。ちなみに、中国では、United Nationsは〈聯合国〉です』と説明してくれましたね」と。

どういう状況の中でこの話をしたのか、まったく記憶にありません。おそらくは、「政治・経済」の国際政治の単元で、雑談として話したのではないかと思います。それにしても、二〇年近く前のことを覚えている生徒がいたなんて、教師冥利に尽きます。

雑談は、英語で言えばアイドル・トーク（idle talk）です。アイドルはアイドリングのアイドル、つまり、暖機運転です。自動車のエンジンが、最適に駆動できる温度になるまで暖めるのがアイドリングです。

おそらく、先生が語る雑談も、暖機運転、アイドリングかもしれません。授業前、あるいは授業中に、生徒が学習に意欲的に取り組めるように、教室の雰囲気を暖めるために話すのが雑談です。

雑談は「雑ぱくな談話」ですから、文字通りアイドル（くだらない、無意味な）な内容でもよいのかもしれません。しかし、先生方が授業中に語る雑談には、学習内容の中核に関わる内容が含まれているはず、と考えます。

例えば、経済単元の授業で、次のような雑談をする先生もいらっしゃるでしょう。

「外国為替相場、昨日は一ドルいくらだった？　為替相場は、毎日、変動しているよね。だから、変動相場制と言います。でも、一九七一年までは、一ドル＝三六〇円でした。ドル円相場は固定されていたのです。資料集のグラフを見ると、そうなっているよね。これを、固定相場制と言います。では、なぜ一ドルは三六〇円だったのでしょう？　そうだよね、日本の通貨単位は円だから」。

この話に、生徒はすぐに「へぇー」と反応してくれるでしょうか。期待したような反応がなければ，「この話はなぜおもしろいかというと…」と直ちに説明する必要が生じます。当然、話題は国際通貨基金（ＩＭＦ）やドッジライン、ニクソンショックなどに及ぶことでしょう。

本書には、日々の授業内容に直結し、公民的分野に対する生徒の学習意欲を喚起するような雑談ネタを集めました。どうぞ本書を参考に、先生方それぞれにアレンジを加えて、生徒の皆さんに雑談を披露してください。それによって毎日の授業が活性化し、「公民好き」の生徒が一人でも増えてくれたら、著者としては最高の喜びです。

なお、本書は、二〇二一年から全面実施される中学校の新学習指導要領に基づいた内容構成になっています。公民的分野の「深い学び」を実現する一助となれば幸いです。

栗原　久

Contents

■ 私たちと経済
市場の働きと経済

■ 私たちと経済
国民の生活と政府の役割

私たちと政治

人間の尊重と日本国憲法の基本原則

私たちと政治

民主政治と政治参加

■ 世界平和と人類の福祉の増大

私たちと国際社会の諸課題

■よりよい社会を目指して

私たちと国際社会の諸課題

おわりに

■私たちと現代社会　私たちが生きる現代社会と文化の特色

人生一〇〇年時代は空き屋だらけの時代?!

授業のどんな場面で使える?

現代日本の特色の一つとして少子高齢化を取り上げたり、人口減少社会における諸課題を考察したりする場面で扱えます。

「人生七〇古来稀なり」

数え年の七〇歳は、古稀（希）です。詩聖・杜甫が言うように、七〇歳まで生きる人はかつて希だったのです。ましてや百寿を迎える人は、ごくごく少数だったはずです。

現在、七〇歳は希ではなくなりました。何しろ一五歳人口は一一六万人なのに、七〇歳の人は二〇二万人もいるのです（二〇一七年）。

では、百歳以上の人はどうでしょう。さすがに少なく、六万七千人ほどです。

しかし、百歳以上人口は、四〇年以上増加を続けてきました。老人福祉法が公布された一九六三年には全国で一五三人にすぎませんでしたが、八一年に千人を突破、九八年には一万人を超えています。医療技術の進歩や出生数の多い世代が百歳を迎えるようになったのが、増加の原因です。なお、百歳以上人口の八八％は女性です。人口十万人あたりの百歳以上人口数は、島根県が最も多く、埼玉県が最も少なくなっています。

いわゆる「団塊の世代」は、現在七〇歳代半ばです。二〇年後、百歳以上人口はさらに増えているでしょう。「人生一〇〇年時代」です。

ちなみに、百歳を迎える人には、内閣総理大臣からお祝い状と「銀杯」が記念品として贈られます。この「銀杯」、かつては純銀製でしたが、現在は銀メッキ製です。

増える空き屋に減る人口

空き屋の増加が、深刻な社会問題になっています。二〇一九年に公表された総務省の「平成三〇年住宅・土地統計調査」によれば、総住宅数六二四二万戸のうち、空き屋数は八四六万戸、空き家率は一三・六％となっています。これは、過去最高の数値です。

空き家率の最も高い県は山梨県、次いで和歌山県、長野県となっています。甲信地方や四国地方の空き家率が高い傾向にあります。逆に、空き家率が低いのは、埼玉県、沖縄県、東京都の順です。

空き屋が増加している原因には様々なことが考えられますが、人口減少がその一つです。人口減少が著しい地域では、進学や就職などで若い人たちが都会に出て行ったままで、親が死んだ後の住宅が利用されず、そのまま放置されるケースが多くあります。

税制の問題もあります。空き屋を解体して更地にすると、固定資産税や都市計画税が高くなってしまいます。これを嫌って、空き屋を残したままにしていることもあるのです。更地にすれば売れる土地も、古い住宅が残ったままだと、売れないことがあります。

空き屋問題への対処法

少子高齢社会、人口減少社会の日本では、今後も空き屋の増加が予想されます。空き屋の増加は、景観の悪化、ゴミの不法投棄、雑草の繁茂などの原因となります。空き屋だらけの街では、犯罪を誘発しかねません。

そこで、この問題への対策として、二〇一四年に「空家等対策の推進に関する特別措置法」が制定されました。この法律では、倒壊の危険性や周辺環境を害するなどの可能性がある空き屋を特定空き屋と指定し、これに対しては除却、修繕、庭木の伐採等の措置の命令などが可能になります。さらに、行政が撤去などの強制執行をすることが可能となりました。この場合、費用は空き屋の所有者が負担しなければなりません。

また、空き屋の利活用を促進するための「空き屋バンク」を設ける地方公共団体もあります。空き屋管理サービスを提供するＮＰＯ法人や企業も設立されています。

学校の近所にある空き屋をめぐる問題を通して、少子高齢化や人口減少社会の諸課題を探究してみてはいかがでしょうか。

人工知能（AI）には確定した定義はない?!

授業のどんな場面で使える?

現代日本の特色の一つとして情報化の進展の様子を取り上げたり、情報化による社会の変化や職業選択上の課題などについて検討したりする場面で扱えます。

人工知能の急速な進化などによる産業や社会の急速な変化

書店に行くと、人工知能（ＡＩ）関連の書籍が平積みになっています。経済雑誌が「ＡＩの普及と産業構造の変化」や「ＡＩ時代になくなる仕事」といった特集を組むことも多くなっています。では実際のところ、ＡＩの進化によって、産業や社会はどのような影響を受けるのでしょうか。

ＡＩについては、囲碁やチェスなどでプロ棋士相手に勝利したことで、世界に衝撃を与えました。スマートフォンに搭載されている音声応答アプリケーションには、ＡＩが活用されていますし、回転寿司店の店頭では、ＡＩを搭載した人型ロボットがお客さんに対応しています。ＡＩは、現在進行形で技術開発が進んでいるだけではなく、すでに私たちの生活の中で広範に活用されているのです。

では、ＡＩとは何でしょうか。実はこの用語、最初に使われたのは一九六五年のこと、六〇年以上前です。その後、多くの研究者が様々にＡＩを定義してきました。しかし、いまだに確定した定義はないようです。「知能」の定義が困難であることから、人工的な知能の定義も難しいということでしょう。とりあえず、ここでは、人間の脳が行っている学習や認識、推論や判断などを行えるコンピュータシステムのことと考えておきます。

AIが人間を超える日

二〇四五年、つまり、今世紀の中頃には、ＡＩが人間の知能を超えるという予測があります。「技術的特異点（シンギュラリティ）」です。

本当にそのような日が来るのかどうかわかりませんが、進歩したＡＩが産業や社会に大きな影響を与えることは間違いないようです。

例えば、雇用です。すでに、ＡＩなどの普及によって代替される職業ランキングなるものが明らかにされています。このランキングには、小売店販売員や会計士、大型トラックの運転手などの職業が含まれています。

確かに、電子商取引がもっと普及し、コンビニエンスストアなどの無人化などが進めば、小売店の販売員やレジ打ちの仕事への需要は減るかもしれません。先に述べた通り、店頭で接客する人型ロボットはすでに活躍中です。会計のような仕事はＡＩが最も得意とするところでしょうし、自動運転技術の普及はドライバーの仕事を奪います。

AIに対する漠然とした不安

「ＡＩによって仕事が奪われる」。このような不安をもつ人は多いようです。ラッダイト運動の昔から、新しいテクノロジーには誰でも漠然とした不安を抱くものです。

ＡＩの場合、その「わからなさ」から、いっそう不安がつのります。例えば、就活にエントリーシートの提出や面接はつきものですが、その内容をＡＩが判断したらどうでしょう。ＡＩによる採用・不採用の決定を、就活している学生は納得できるでしょうか。

様々な個人情報を元に信用力を数値化する「信用スコア」と言われるものが、活用され始めています。このスコアの算出に使われているのが、ＡＩです。高スコアの人には審査を簡潔にして融資するなど、経済活動をスムーズにするのに役立ちます。しかし、その算出に使われるアルゴリズムは、はたして妥当なものでしょうか。

ＡＩを搭載した無人戦闘機や人の判断を必要としない自律型キラーロボット、これらＡＩ兵器の開発が急速に進んでいます。ＡＩ兵器の登場は、火薬・核兵器に次ぐ「第三の革命」とも呼ばれているようです。はたして、ＡＩ兵器は安全保障の環境をどのように変えるでしょうか。いよいよ不安はつのります。

■私たちと現代社会　私たちが生きる現代社会と文化の特色

これからの日本の課題はずばり「相利共生」だ?!

授業のどんな場面で使える?

現代日本の特色の一つとしてグローバル化の意味を理解したり、グローバル化に伴う様々な課題を探究したりする場面で扱えます。

コンビニ店員の多国籍化

コンビニエンスストアの店員さん、流暢な日本語を話していますが、ネームプレートを見ると外国人名ということがよくあります。居酒屋のホールスタッフ、ビルの建設現場で働く人の中にも、外国人らしい人を見かけることが多くなりました。

事実を確認しましょう。二〇一八年六月末の在留外国人数は、二六四万人です。この数は統計を取り始めた一九五九年以降最多で、日本の総人口の約二%にあたります。京都府の人口が二五九万人ほどですので、これをやや上回る人数です。国籍別では、中国が最多で、韓国・ベトナムがこれに次ぎます。

二六四万人の在留外国人のうち、特別永住者（第二次世界大戦終戦前から居住している台湾・朝鮮半島出身者）は、約三三万人です。留学生の数もほぼ同数です。ただし、特別永住者が年々数を減らしているのに対し、留学生は増加を続けています。

大学等へ在籍して、学術や技術を学んでいるのが留学生です。ところが日本では、資格外活動許可を受けた留学生は、週二八時間までならアルバイトができます。コンビニや居酒屋などで働いている外国人の中には、留学生がいるはずです。ちなみに、アメリカやイギリスでは、学生ビザでのアルバイトは不可です。

増加してきた「技能実習生」

留学生とともに増加してきたのが、「技能実習」資格による在留外国人です。外国人技能実習制度は、外国人が日本国内の工場や農場などで働くことにより技能を習得し、帰国後、その技能を活かして母国の経済発展に役立ててもらおうというねらいで、一九九三年につくられました。この制度によって在留できる期間は、五年間です。二〇一八年六月現在、約二八万人がこの制度によって働いています。二〇一四年には一六万七千人ほどでしたから、かなりの増加です。

この技能実習制度、これまでいくつかの問題点が指摘されています。先述の通り、本来この制度は、発展途上国出身者に来日して技能を習得してもらうのがねらいでした。ところが実際に雇用している企業の中には、人手不足の解消策としてこの制度を活用しているところがあります。実習生だからということで、低賃金や劣悪な環境の下で雇用している企業もあります。このため、技能実習生の中には、より高い賃金などを求めて失踪してしまう人も現れました。

新しい在留資格「特定技能」

日本では、少子高齢化の影響から、今後生産年齢人口の減少が予想されています。一五

~六四歳の人口は、現在、七六五六万人（二〇一六年）ですが、これが二〇四〇年には六千万人を下回り、二〇六〇年には五千万人以下になります。生産年齢人口の減少は、日本国内において投入できる労働力が減ることですから、経済活動にとってはマイナスです。

これへの対策として、二〇一九年四月から、新しい外国人労働者の受け入れ資格である「特定技能」が創設されました。この制度により、人手不足が深刻な建設や介護、外食など一四の業種で外国人の就労が可能となりました。日本政府は、二〇一九年からの五年間で、三四万五千人ほどの受け入れを予定しています。

「共生」という難問

多くの外国人材が日本で働くようになれば、おそらく様々なトラブルが発生します。何しろ、言語や宗教、文化的背景などの異なる人たちと隣同士で住むことになるのです。そこで、私たちには「共生」の術が求められます。

「共生」は、もともと生物学の用語です。「寄生」も「共生」の一種ですが、一方的な「寄生」では社会は持続困難でしょう。「相利共生」の関係を外国人材との間でどう構築するか、職場でも、地域でも、解決が求められる課題です。

■私たちと現代社会　私たちが生きる現代社会と文化の特色

「起立、礼、着席」は全国共通じゃない?!

授業のどんな場面で使える?

文化の意義や影響について理解したり、宗教が人々の生活にどのような影響を与えているかなど探究したりする場面で扱えます。

「現代社会における文化の意義や影響」

中学校社会科公民的分野の授業では、「現代社会における文化の意義や影響について」学習します。その際には、「科学、芸術、宗教など」が取り上げられます。

それにしても、文化は何とも定義しにくい語です。「風俗や習慣など人間の生活様式の全体」を文化と考える人がいます。これによれば、社風や校風なども文化です。「哲学や芸術、科学や宗教などの人の精神的活動、あるいは、それによって生み出されたもの」を文化と捉えることもできます。「文化的な生活」というように、文化の語を使うこともできます。この場合は、新規性があるとか、利便性が高いとか、生活のレベルが上がったといった意味です。「文化包丁」の文化はこれです。

日本文化とは言うけれど

歌舞伎や着物、アニメや和食、お正月行事や大相撲。これらは一般に、日本文化とされています。しかし、日本文化とは言っても、言うまでもなく、「日本国中どこへ行っても同じ」というわけではありません。それぞれの地域には、それぞれの文化があります。

代表的なのは言葉です。各地には、各地の言葉があります。

学校で生徒が履いている「上履き」、関東地方や中国地方では「うわばき」と言うのが一般的ですが、北海道など「うわぐつ」と言っている地域もあります。ズック、あるいは、バレーシューズと呼んでいるところもあるようです（https://tripeditor.com/8110）。

授業開始時の号令、「起立、礼、着席」とやっている学校が多いでしょうか。しかし、これにも地域差があります。例えば、群馬県の学校の多くでは、「起立、注目、礼」です。「起立、姿勢、礼」「正座、礼」が一般的な県もあります。いずれにせよ、日本の学校文化は多様です（https://news7-web.com/gakkounogourei/）。

お正月と言えばお雑煮ですが、お雑煮が各地で様々なのは、よく知られています。「角餅におすまし」「丸餅に赤みそ（白みそ）」など、各地で特徴があります。鳥取県のように、小豆のお雑煮が一般的なところもありますし、香川県ではあんこ入りのおもちが白みそ仕立ての汁に入っています（あんもち雑煮）。もちろん、お雑煮をつくる人は誰か、その人の出身はどこかなどによって、家庭ごとにお雑煮のレシピは異なっているでしょう。

文化としての宗教

教義や儀礼、建築や絵画、神話など、宗教は文化そのものです。また、宗教は、食に関するタブーなど人々の生活様式を強く規定します。

キリスト教、イスラム教、仏教は、一般に世界三大宗教と言われます。しかし、この三つは、信者数が多いから三大宗教とされているわけではありません。信者数だけから言えば、ヒンズー教徒が仏教徒を上回っています。しかし、ヒンズー教徒の多くはインド周辺に集中しているので、世界三大宗教には含めていないのです。世界宗教とされるには、地理的や民族的な壁を越え、広く社会に影響を与えていることが条件となります。

日本の場合、信者数から言うと、最も多いのは「神道系」で約八六〇〇万人です。これに、「仏教系」約八五〇〇万人が続きます。

「キリスト教系」は約二〇〇万人、日本の総人口の約一・五%にすぎません。ハロウィーンやクリスマスといったビッグイベントから考えると、意外なほど少ない感じがします。

なお、ここで示しているデータは、文化庁が毎年実施している「宗教統計調査」（二〇一八年度）に基づいていますが、お気づきの通り、信者数を足すと日本の人口を大きく上回ります。これは、この調査が、各宗教団体の自己申告に基づくものであることが原因の一つと考えられます。

■私たちと現代社会　現代社会を捉える枠組み

ネット通販での購入は、クーリング・オフで取り消せる?!

授業のどんな場面で使える?

現代社会における契約の重要性に気づいたり、契約を守ることの意義について探究したりする場面で扱えます。

「契約の重要性やそれを守ることの意義及び個人の責任」

中学校社会科公民的分野の授業では、「個人の尊厳と両性の本質的平等、契約の重要性やそれを守ることの意義及び個人の責任について」学習します。

ここでは、「契約の重要性」について、まずクイズを通して考えてみましょう。

（問一）電話によるセールスでＣＤの購入を勧められ、「買います」と答えた。この場合、口頭で購入の意思を伝えただけだから、契約は正式には成立していない？

（答一）答えは、ＮＯです。契約は、口頭による合意だけでも成立します。コンビニで買い物をする、通勤のためにバスに乗るなどの場合、いちいち契約書は作成しません。それでも、アパートを借りる、生命保険に入るなど、金額が大きく契約期間が長い場合などは、きちんと契約書を作成する必要があります。契約内容について、相互に誤解のないようにする、時間の経過で忘れるのを防ぐなどのためです。

（問二）近所の靴屋でスニーカーを買ったのだけれど、国道沿いのホームセンターで同じ物がもっと安く売られていた。スニーカーを靴屋に返品することはできるか？

（答二）答えは、ＮＯです。一度、売買の契約をすれば、こちらの都合で一方的に契約を解除（返品）することはできません。ただし、「商品やサービスについて嘘の説明をした」「消費者に不利益な情報を伝えなかった」「『帰りたい』と意思表示したのにお店などから帰らせず強引に契約させた」などの場合は、消費者契約法の規定により契約を取り消すことができます。

（問三）インターネットの通信販売サイトでパソコンを購入したが、家電量販店の店頭でもっと性能のよいパソコンを見つけた。インターネット通販での購入を、クーリング・オフ制度によって取り消すことはできるか？

（答三）これまた、答えはＮＯです。クーリング・オフの対象となる取引方法は、訪問販売やキャッチセールス、電話勧誘販売などです。ですので、問一の電話によるセールスのケースは、クーリング・オフの対象です。一方ネット通販は、クーリング・オフ制度の対象ではありません。ただし、特定商取引法の規定により、通信販売の際、消費者が契約を申し込んだり、契約をしたりした場合でも、八日間以内であれば消費者は事業者に対して、契約申込みの撤回や解除ができます。ただし、返品の送料は消費者の負担です（法定返品権）。

契約は一方的な破棄ができないのが原則

問二で説明したように、いったん契約すれば、一方的にこれを解除することはできないのが原則です。クーリング・オフ制度は、消費者保護の観点から設けられた例外です。

なお、民法の規定により、未成年者が法定代理人（親権を有する親など）の同意を得ないで行った法律行為は取り消すことができることになっています（未成年者取消権）。未成年者は、一般に知識や経験が不足していて、判断能力が未熟であると考えられているため、このような権利が認められているのです。

民法の改正で、二〇二二年四月一日から、成年年齢が一八歳に引き下げられます。一八七六年の太政官布告以来、約一四〇年ぶりのことです。これにより、一八、一九歳は、ローンを組んで高額商品を購入したり、クレジットカードを作成したりすることが、親の同意がなくてもできるようになります。自分でアパートの賃貸契約を結ぶこともできるようになります。一方、未成年者取消権は行使できなくなります。

■私たちと経済　市場の働きと経済

「経済学の父」と「日本資本主義の父」は似ている?!

授業のどんな場面で使える?

市場が資源配分に果たす役割を理解したり、資源配分の効率性と公正性の関係について探究したりする場面で扱えます。

イギリス二〇ポンド紙幣とアダム・スミス

イギリスの紙幣、ご覧になったことがあるでしょうか。五〇・二〇・一〇・五ポンド札がありますが（五〇ポンド札はあまり日常では使われません）、表にはすべてエリザベス女王の肖像が描かれています。

裏面には、イギリスを代表する様々な人物が登場しています。二〇一六年に流通が始まった五ポンド札は、「鉄のカーテン」演説でおなじみのウィンストン・チャーチルです。チャーチルは、一九五三年、ノーベル賞を受賞しています。受賞したのは平和賞ではありません。文学賞です。

二〇〇七年に発行されるようになった二〇ポンド札、この裏面に描かれているのは「経済学の父」アダム・スミスです。スミスと言えば『国富論（諸国民の富）』、市場の働きによって希少資源が効率的に配分される様子を、神の「見えざる手」と表現しました。

『国富論』は、ピン工場における分業の話から始まります。すなわち、一人の労働者がピンの製造工程の最初から最後まですべてを手がけるのではなく、何人かの労働者が工程ごとに分業すれば生産効率が著しく高まることを説明しています。

これを受けて二〇ポンド札には、スミスの横顔の脇にこう書かれています。

「ピン製造における分業（結果として、労働による産出高が大いに増える）」。

新一万円札の顔・渋沢栄一

日本でも、お札のデザインが変わります。新一万円札は渋沢栄一（一八四〇～一九三一）、五千円札は津田梅子（一八六四～一九二九）、千円札は北里柴三郎（一八五三～一九三一）です。

この三人の中で、アダム・スミスが「経済学の父」と言われているのに対し、「日本資本主義の父」と言われているのが渋沢です。それは、彼が明治維新後、約五〇〇社もの会社の設立・育成に関わったからです。

渋沢は、現在の埼玉県深谷市の生まれです。二〇代後半にパリの万国博覧会を見学するなど欧州諸国の実情を見聞したことで、日本の近代化の必要性に目覚めます。

彼は明治政府に招かれ、大蔵省の一員として維新後の国づくりに関わりますが、やがて民間に転身、第一国立銀行（現みずほ銀行）を立ち上げ、頭取に就きます。この後、渋沢が設立・育成に関わった企業は、三井住友銀行、東京電力ホールディングス、東邦ガス、王子製紙、サッポロビール、日本郵船、帝国ホテル、電通などなど…です。現存する企業では、一八九七年創業の澁澤倉庫株式会社だけが、「渋沢」を名乗っています。

企業だけではありません。東京証券取引所や全国銀行協会、理化学研究所や日本放送協会などの設立・育成にも渋沢は関わりました。

「論語と算盤」と「公平な観察者」による共感

渋沢は、私企業による利益追求と公共の利益を両立させなければならないと説き、自ら実践しました。これを、「論語と算盤」、あるいは、「道徳経済合一」という言葉で表しています。今風に言えば、「企業の社会的責任」です。

アダム・スミスの場合、『国富論』において私益の追求を認めました。しかし、これに先立って出版された著作『道徳感情論』では、人の私益追求が認められるのは各人の胸中にいる「公平な観察者」の共感が得られる限りであるとしました。

日英でお札になった二人、もし二人が出会ったら、私益と公益の関係についてどんな会話をするでしょう。勝手に想像したくなります。

■私たちと経済　市場の働きと経済

時代はダイナミックプライシング?!

授業のどんな場面で使える?

市場経済の基本的な考え方について理解したり、効率的に希少資源を配分するにはどのような経済の仕組みが必要なのか探究したりする場面で扱えます。

価格を変えるにはコストがかかる

「需要と供給の関係から価格は変動します」。公民的分野の教科書では、こう説明されています。授業でも、同様に説明しているのではないでしょうか。

しかし、この説明に納得しない人も多いはずです。「暑い夏には飲み物に対する需要が増えるよね。だったら、自動販売機のペットボトル飲料の値段は上がるはず。でも、一年中、変化していないよ」。「昨日の夜、プロ野球中継をテレビで見たけれど、観客席はガラガラ。だったら入場料金下げればいいのに、公式戦のチケット料金は座席エリアごとに決まっていて変わらないよ」。こんな素朴な疑問が聞こえてきそうです。

その通りです。キュウリやトマトの値段は需給に応じて頻繁に変わりますが、例えば、ファミリーレストランで食べるハンバーグの値段が、その日の気温などの要因によって毎日変わるということはありません。

それは、価格を変更するにはコストがかかるからです。

まずいくらにするか、これを決めるには他店の価格設定や需要の状況、食材価格の今後の変動などを考慮しなければなりません。この作業には、時間がかかります。また、メニューを書き換えたり、お客さんに料金の変更を知らせたりするコストもかかります。

これらをまとめて「メニューコスト」と言うことがありますが、このコストのために価格は頻繁に変えにくいのです。

メニューコストの低下

ところがです。近年、このメニューコストが劇的に下がり始めています。

例えば、ネット通販です。ネット通販の場合、いちいち商品に値札をつける必要がありません。コンピュータやスマートフォンなどの画面上で示される値段を、操作して変えればよいだけです。

いま「操作して」と言いましたが、実際はこの作業、かなり自動化されています。競合他社の価格、在庫の状況、売れ行きなどのデータから、価格が自動的に変更される仕組みになっているのです。

では、実店舗ではどうでしょう。こちらについても、メニューコストを下げる試みが始まっています。家電量販店などでは、商品が陳列されている棚に「棚札」が貼られ、価格などが示されています。これまで、棚札の貼り替えは人手に頼っていました。

ところが、「電子棚札システム」が開発されたことで、電子ペーパーによって価格などを表示できるようになりました。この電子ペーパーは通信機能を内蔵しているので、本部からの操作によって、価格の変更が瞬時にできます。他店やネット通販会社などの価格設定に対応した価格の変更が、低コストでできるようになったのです。

ガンバ大阪のダイナミックプライシング

従来から、航空運賃やホテルの宿泊代金などは、繁忙期と閑散期で異なる設定がなされていました。このような価格設定が、プロスポーツの観戦チケットなどでも採用されるようになっています。

例えば、サッカーJリーグに属するガンバ大阪は、二〇一九年、「ダイナミックプライシング」によるチケット販売を実施しました。ここで、サッカーチケットのダイナミックプライシングとは、対戦相手や天候、チームの順位などに関するデータを活用して試合ごとの需要予測を行い、チケット価格の変更を自動的に行うことです。観戦チケットを「時価」で売る販売戦略と言ってよいかもしれません。できる限り空席をなくし、売り上げの最大化をねらいます。

このように、人工知能（ＡＩ）や通信技術などの普及によって、需給に応じた価格変更が容易になりました。教科書が想定している状況に、現実の経済が近似してきたと言えるのかもしれません。

■私たちと経済　市場の働きと経済

りんご価格の変化は、一本の供給曲線では表現できない?!

授業のどんな場面で使える?

需給曲線を使って価格メカニズムを理解したり、価格以外の「他の条件」が変化したときに需給曲線がどのようにシフトするか探究したりする場面で扱えます。

ある県の高校入試問題から

毎年、公立高等学校の入試問題を見るようにしています。「解くように」ではなく、「見るように」です。三年生が楽々と解いてしまう入試問題を解けないと、昭和生まれのプライドが許さないのです。だから、見るだけ、です。

次の問題は二〇一五年度に、埼玉県の入学者選抜学力検査大問5、問4で出題されたものです（一部改変）。どうぞ、見るだけでなく、解いてみてください。

> 「価格の働き」に関連して、Nさんは、価格の変化について、次のようにまとめました。まとめの中の［A］〜［D］にあてはまる語の組み合わせとして正しいものを、ア〜エの中から一つ選び、その記号を書きなさい。
>
> りんごが豊作となり、りんごの［A］が増え、消費者のりんごに対する［B］を上回ると、りんごの価格は［C］すると考えられる。また、天候が不順でりんごが不作となり、りんごの［A］が減り、消費者のりんごに対する［B］を下回ると、りんごの価格が［D］すると考えられる。なお、農作物は、豊作でも不作でも、消費者の食べる量は大きくかわらないとされている。

ア	A―需要量	B―供給量	C―上昇	D―下落
イ	A―供給量	B―需要量	C―上昇	D―下落
ウ	A―供給量	B―需要量	C―下落	D―上昇
エ	A―需要量	B―供給量	C―下落	D―上昇

さて、どうでしょう。

正解は、ウです。出題県の発表によれば、正答率は五六・七％です。正答率から見れば、この問いは多くの受験生にとって楽勝問題です。

需給曲線を使って説明する

ところで、この問題を、教科書でおなじみの需給曲線を使って説明するとしたら、どうなりますか。

まず、「りんごが豊作となり」とありますから、これは供給曲線の右方へのシフト（移動）で説明できます。需要曲線は以前のままです。シフトしません。この結果、りんごの新しい均衡価格は以前より下落し、取引数量は多くなります。

次の状況では、「天候が不順でりんごが不作」になったとあります。これは、供給曲線の左方へのシフトで表現されます。需要曲線はシフトしませんから、この状況でのりんごの新しい均衡価格は以前より上昇し、取引数量は減少します。

供給量と供給、需要量と需要

この問いのりんご価格の変化は、一本の供給曲線では表現できません。一本の供給曲線は、「他の条件が一定」で、価格だけが変化したときの価格と「供給量」の関係を示しています。価格以外の「他の条件が一定」です。

「りんごが豊作」「りんごが不作」は、価格以外の「他の条件」の変化です。これは、「供給」の変化であり、供給曲線のシフトで描きます。

ここで、「供給量」と「供給」の語を使い分けていることに、注意してください。価格以外の「他の条件が一定」の場合、供給曲線が示しているのは、価格と「供給量」の関係です。これに対し、「他の条件」が変化した場合は、「供給」の変化です。供給曲線がシフトします。これは、「需要量」と「需要」の使い分けでも同じです。

理科では、力や運動、仕事などの日常用語を厳密に定義して、専門用語として使っています。社会科でも、そうです。専門用語は、正確に使う必要があります。

さて、ここで取り上げたりんご価格の問題、用語の使い方は適切だったでしょうか。

■私たちと経済　市場の働きと経済

「中学生はお金がない」から、映画館の料金も安い?!

授業のどんな場面で使える?

価格の役割や企業行動の目的について理解したり、人に行動を促すインセンティブについて探究したりする場面で扱えます。

クイズのおもしろさは問いの意外性で決まる

クイズ番組、好きですか。クイズ好きの人は多いようで、毎日のように番組があります。まさに定番、確実に視聴率が稼げるということですね。

先日、あるクイズ番組で、次のような問題が出されました。「『急がば回れ』、このことわざの由来となった場所はどこ?」。さてどこでしょう。答えは、日本最大の湖・琵琶湖。「京都まで行きたい。琵琶湖を船で突っ切って渡ろうとしたら、比叡山からの強風（比叡おろし）でなかなか進めなくなってしまった。だったら、遠くても橋のあるところまで行って、トコトコ歩いて行った方が、結局は早く着けたのに」。この状況を詠んだ室町時代の短歌から、「急がば回れ」のことわざが生まれたとか。

クイズのおもしろさは、問いの意外性で決まります。意外性のある問いだと、自分から答えを調べたくなります。ここでは、問いから経済を学びます。

「新宿～八王子」「新宿～北上尾」の運賃

（問）ＪＲ東日本中央線、「新宿～八王子」間は三七・一キロメートルです。同じく湘南新宿ライン、「新宿～北上尾」間は三七・三キロメートルです。さて、運賃は、どちらの区間が安いでしょうか。それとも、同じでしょうか。

（答）「新宿～北上尾」が六八二円なのに対し、「新宿～八王子」は四八二円です（交通系ＩＣカード利用の場合）。二〇〇円の差があります。なぜでしょう。ＪＲの運賃は、基本的には距離制です。同一の距離なら、同一の運賃です。そこで路線図をながめてみると、「新宿～八王子」間は並行して京王線が走っています。「新宿～京王八王子」は、なんと三六七円です。そう、「新宿～八王子」間で、ＪＲと京王電鉄は競争をしているのです。競争すれば、価格は下がります。

映画館の学割

（問）映画の通常料金は、一般が一九〇〇円です（ＴＯＨＯシネマズ渋谷）。ところが、中学生は一〇〇〇円で映画を観られます。映画館が、中学生の入場料金を安くしているのはなぜでしょう。

（答）この問いに、どのように説明するでしょうか。「中学生はお金がないから」「中学生にはよい映画を観て教養を高めてほしい、と映画館が考えたから」などでしょうか。この問いの場合、「企業は利潤を最大化するように行動する」というおなじみの見方・考え方を働かせる必要があります。一般の料金が一九〇〇円であるとして、中学生に学割を適用すれば、彼（女）らは、お金はなくても時間はあるので、映画館にどっと押し寄せるでしょう。一方働く大人たちは、お金はあっても時間がありません。多少料金を下げても、来客数はそれほど増えないでしょう。

映画館は企業です。そこで、利潤を最大化しようと、異なる人に異なる料金設定をします。すなわち、料金を下げれば敏感に反応し、映画を観に行こうとする人が大きく増える層にだけ、割引料金を適用するのです。価格差別と言われる企業行動です。

ヘビの固定価格買い取り制度

（問）ある村に、ヘビが大量発生しました。この事態をどうするか、村長はアイデアを公募しました。「ヘビを捕まえて村役場まで持ってくれれば、一匹三〇〇〇円で買い取ることにしたらどうか」。村長はこのアイデアを採用、多くの村人がヘビを捕まえて役場へ持って行くようになりました。さて、この政策の結果、村のヘビはどうなったでしょう。

（答）残念、ヘビは減りませんでした。ヘビを村役場に持って行けば買い取ってもらえることを知った村人たちは、ヘビを飼育するようになったのです。

人は、インセンティブに反応して行動します。これをよく考慮しないと、政策目的を達成できないことがあります。ごみの排出量を削減しようとごみ処理を有料化すると、残念なことですが、駅やコンビニなどのゴミ箱に家庭ごみを捨てる人が増えます。

一〇〇年企業の業種別第一位は、貸事務所?!

授業のどんな場面で使える?

株式会社など企業の仕組みについて理解したり、企業の経済活動における役割と責任について探究したりする場面で扱えます。

人生一〇〇年時代の一〇〇年企業

二〇一八年の簡易生命表（厚生労働省）によれば、男性の平均寿命は八一・二五年、女性は八七・三二年、日本は世界トップクラスの長寿国です。それもあってか、政府やマスコミは、近年、さかんに「人生一〇〇年時代」という語を使っています。

「人間五十年、下天の内をくらぶれば、夢幻の如くなり」。織田信長が好んだとされる幸若舞「敦盛」の一節です。信長の時代の二倍、「人間一〇〇年」の時代が現実になりつつあります。

企業についても、創業から一〇〇年以上経つ「一〇〇年企業」が日本には多数あります。帝国データバンクの調査によれば、二〇一九年現在、創業一〇〇年超えの企業が三万三二五九社あります。しかも、二〇一六年からの三年間で四千社以上増加しています。企業も急速な高齢化です。

三万三二五九社の一〇〇年企業のうち、創業二〇〇年以上の企業が一三四一社、三〇〇年以上が六三六社、四〇〇年以上が一五三社あります。今から四〇〇年前と言えば、イギリスの清教徒（ピグリムファーザーズ）が信仰の自由を求めてアメリカへ渡った頃のこと、むかし、むかし、です。

一〇〇年企業の特徴

一〇〇年企業の数は、東京都がトップです。ただし、企業全体に占める一〇〇年企業の割合（長寿企業出現率）を都道府県別に見ると、京都府が第一位です。何となくイメージ通りでしょうか。呉服や神社仏閣の改築などに関わる長寿企業が、京都府にはあります。これに続くのが山形県、新潟県、島根県です。これら三県の共通点は、日本海に面した酒所ということでしょうか。実は、一〇〇年企業の数を見ると、清酒製造が全業種中第二位、酒小売が第四位、酒類卸が第九位と、酒関連がベストテンの中に三業種含まれています。私としては、何だかうれしくなります。

ちなみに一〇〇年企業の業種別第一位は、貸事務所です。やや意外な感じがするかもしれませんが、元々は小売など他業種だった会社が自社ビルを建て、高層階を貸し出すなどした結果、貸事務所業が主たる業務になったということかもしれません。

なお、第三位には旅館・ホテル業が入っています。確かに、各地の温泉街などには、老舗旅館がありますね。

一〇〇年存続の秘訣は「信用」

一〇〇年企業の中には、東京証券取引所などへ上場しているところがあります。一五八六年創業の松井建設、一六〇二年の養命酒酒造、一六九一年の住友林業などです。がん免疫療法に用いる薬オプジーボの販売元小野薬品工業は、一七一七年の創業です。

これらの企業は、幕末維新から明治の近代化、世界恐慌や第二次世界大戦の敗戦、高度経済成長、バブル経済やその崩壊などの大波を乗り越えてきました。頻繁に変わる環境に適応しなければ生き残れないのは、生物も企業も同じです。

その結果、「名は体を表す」といかなくなった企業があります。例えば、一九一八年創業の帝人株式会社は、帝国人造絹絲（株）がそもそもの名称でした。帝人の人は人絹（レーヨン）の人なのです。しかし、現在ではアラミド繊維や炭素繊維などマテリアル事業の売り上げが多い会社になっています。

一〇〇年企業の中には、同族企業が多くあります。親から子、そして、孫へ、事業が承継されてきたわけです。創業の地をベースに、長年、企業活動を継続するには「信用」が最も重要、長寿企業に対するアンケートではこんな結果が出ています。納得です。

〈参考文献〉

・『日経ＭＯＯＫ　一〇〇年企業　強さの秘密』日本経済新聞出版社、二〇一九年

■私たちと経済　市場の働きと経済

日本は起業に関心のない人が八割?!

授業のどんな場面で使える?

環境変化の激しい市場経済における起業の重要性について理解したり、起業が経済成長や雇用に及ぼす影響などについて探究したりする場面で扱えます。

学習指導要領と「起業」

二〇一六年一二月に明らかにされた中央教育審議会答申（「幼稚園、小学校、中学校、高等学校及び特別支援学校の学習指導要領等の改善及び必要な方策等について」）では、中学校社会科公民的分野の学習内容に関わって、次のように指摘されました。

「公民的分野においては…産業や社会の構造的な変化やその中での起業に関する扱い…を充実させるなどの改善を行う」。

これを受けて、二〇一七年に告示された学習指導要領では、公民的分野の「B　私たちと経済（一）市場の働きと経済」で、「『個人や企業の経済活動における役割と責任』について は、起業について触れる」（「内容の取扱い」）こととされました。「企業」ではなく、「起業」です。ちなみに、二〇〇八年版の中学校学習指導要領「社会」、及び「中学校学習指導要領解説　社会編」（二〇〇八年）には、企業はありますが、起業はありません。

このように、二〇一七年版の学習指導要領で「起業について触れる」ことが求められたのは、近年政府が「日本再興戦略」や「成長戦略実行計画」などでその重要性を指摘しているからです。日本経済を「再興」「成長」の軌道に乗せるには起業による新陳代謝が不可欠、そのためには起業家精神にあふれた人材育成が必要ということでしょう。

少産少死、多産多死

起業とは、新しく事業をスタートさせることです。日本で開業率（今年度開業した企業数の、期首においてすでに存在していた企業数に対する割合）がピークだったのは、一九八八年、バブル景気の頃です。当時は、七％を超えていました。その後、四％台に低下しましたが、二〇一〇年代に入り上昇、二〇一七年度は五・六％です。

一方廃業率は、二〇〇〇年代、四％を超えていました。一時期は廃業率が開業率を上回っていたときもありました。ただし、二〇一〇年代になると廃業率は低下、二〇一七年度は三・五％です。

開業率と廃業率、他の先進国と比較すると日本の低さが際立ちます。何しろ、イギリスやフランスの開業率は、一三％を超えています。この両国は廃業率も高く、一〇％超です。つまり、日本は少産少死型、英仏は多産多死型と言ってよいでしょう。ちなみに日本政府は、開業率・廃業率を一〇％台に引き上げることを目標としています。

起業はつらいよ

このように、日本の開業率が低い背景には、そもそも起業に対する関心の低さがあります。「中小企業白書　二〇一七年版」によれば、日本では起業に関心のない人が八割近くいます。これに対し、イギリスやフランスは四割以下、アメリカは二五％以下です。

また、起業環境の問題もあります。起業のしやすさを総合的に国際比較したデータによると、日本は世界で八九位です（イギリス一六位、フランス二七位、アメリカ五一位）。起業にかかる日数は日本一一・二日に対し、フランス三・五日、イギリス四・五日、アメリカ五・六日と差があります。

起業を志す理由には様々あるでしょうが、高い所得は、起業へのインセンティブになるはずです。では、実態はどうでしょう。起業の形態として約七五％を占めるのは、個人企業（個人事業者）です。実は、個人事業者の七割は年収三〇〇万円未満です。正社員として働いている人の年収の中央値は、四三〇～四四〇万円ですので、リスクをとって起業してもサラリーマン時代より高所得が得られるとは限りません。

しかも、起業した会社の中で、一〇年後には約三割が、二〇年後には約五割が廃業しています。きびしい現実です。

しかし、何事も「Ｎｏ　Ｐａｉｎ、Ｎｏ　Ｇａｉｎ」です。どんな業種で、どこの国で起業しても、痛みなしで何かを得ることはできないでしょう。

エー、公民的分野で企業会計の学習?!

授業のどんな場面で使える?

家計簿と比較しながら企業会計の意味を理解したり、企業会計にはどのような機能があるのか探究したりする場面で扱えます。

節約するなら家計簿

家計簿をつけていますか。生来無精な私は、もちろんつけていません。ですから、給料日前になると、空っぽのサイフをながめながら「今月、何にお金使ったのだっけ」と呆然とすることがよくあります。困ったものです。

日本FP協会が働く女性を対象に行った調査（「働く女性のくらしとお金に関する調査二〇一九」）によれば、「生活の余裕や貯蓄を増やすためにしていること」の第一位は、食費や娯楽費など「変動費を減らす」ですが、第二位は「家計簿をつける」となっています。この問いに対し、「貯蓄が上手」「節約が上手」と自己評価している人では、「家計簿をつける」が第一位です。やはり、節約には、お金の流れを把握する家計簿が有効なようです。

企業の「家計」簿

家計簿については、つけている家もあれば、つけていない家もあるでしょう。一方企業の場合、「家計」簿を必ずつけなければなりません。企業の「家計」簿にあたるのが、財務諸表です。これには、貸借対照表、損益計算書、キャッシュフロー計算書の三つがあります。

①貸借対照表：バランスシート（BS）とも言います。決算日にどれだけの資産があり、

どのように資金調達しているか、これをリスト化したものです。貸借対照表は、表の左に「資産の部」、右に「負債の部」「純資産の部」を記載します。資産には、現金や売掛金などの流動資産、土地や建物などの固定資産があります。「負債の部」には銀行などから借り入れた資金額が、「純資産の部」には資本金などが計上されています。

②損益計算書：英語ではProfit and Loss Statement、略してPLです。これには、収益や費用、利益が記載されています。「どれだけ売り上げがあるか」「いくら費用がかかったか」「どれくらい儲かったのか」を、PLから読み取ることができます。なお、利益には、売上純利益、営業利益、経常利益、税引き前当期利益、当期純利益の五つがあります。

③キャッシュ・フロー計算書：略して、CFです。期首にいくらの現金があって、期末にいくらの現金が残っているのかを示したのがCFです。CFでは会社の資金の流れを、営業（本業による現金の増減）、投資（投資による現金の増減）、財務（借金や返済による現金の増減）の三つで捉えます。

公民的分野における企業会計の学習

二〇一七年に明らかにされた「中学校学習指導要領解説　社会編」（二〇一七年）では、公民的分野の内容「B　私たちと経済」で、「経済活動や起業などを支える金融などの働き」（「内容の取扱い」）に関わって、「資金の流れや企業の経営の状況などを表す企業会計の意味を考察すること」が求められています。企業会計です。

ところが、中学校社会科において企業会計をどのように扱ったらよいのかについては、これまでほとんど検討されていません。何を目的に、どんな内容を、いかなる方法で学習するかについてです。先述のような、財務諸表についてのあれやこれやを考えればよいのでしょうか。私は、そうは考えません。

「解説　社会編」は「なぜ市場経済という仕組みがあるのか、どのような機能があるのか」などの問いを例示しています。これにならえば、「なぜ企業会計という仕組みがあるのか、どのような機能があるのか」を問い、追究するのが、社会科における企業会計の学習ではないかと考えています。そこでキーワードになってくるのが、「アカウンタビリティ（説明責任）」や「情報の非対称性」などです。いかがでしょうか。

〈参考文献〉
・日本公認会計士協会編『会計基礎教育の歴史と現況』日本公認会計士協会出版局、二〇一九年

■私たちと経済　市場の働きと経済

株式投資を考えることは、生き方を考えることだ?!

授業のどんな場面で使える?

直接金融の仕組みや役割を理解したり、株式会社制度と証券取引所の関係について探究したりする場面で扱えます。

ぐるぐる回っている、あれ

公民的分野の教科書の中には、株式会社の仕組みを説明したページに東京証券取引所の写真を掲載しているものがあります。そこに写っているのは、東証のマーケットセンターにある「チッカー」であることが多いようです。日経平均株価を報じるニュース番組によく登場する、円形の電光掲示板のことです。ぐるぐる回っている、あれですね。

直径一七メートルのこのチッカー、内側と外側の両面で逆回転しながら上場各社の取引状況が速報されています。上から会社の略称、最新の株価、前日の終値との比較、各社とも三行です。

チッカーは、時々、流れの速さが変わります。株式の売買高が多ければ早く、少なければ遅く、八段階で変化しています。短時間のテレビニュースでは、わかりにくいですね。

現在、マーケットセンターとなっている場所には、かつて株券売買立会場がありました。そこでは、証券会社の取引担当者（場立ち）が手でサインを出しながら株の売買を行っていました。伊藤忠商事はチューだから投げキッス、三菱商事は指三本で障子を開ける振り、などです。東証は株取引を全面的に電子化したため、一九九九年、立会場は閉鎖されました。ニューヨーク証券取引所では、現在でも一部、場立ちが立会場で取引しています。

証券取引所が必要な理由

ここで、「なぜ証券取引所が必要なのか」と問いを立ててみましょう。

例えば、銀行の定期預金は、満期が来れば現金化できます。社債や国債も、満期があります（満期前に市場で売ってしまうこともできます）。これに対し、株には満期がありません。しかし、株を持っていても、デパートで買い物ができるわけではありません。

必要なのは、現金です。そこで、ある会社の株を売って現金がほしい人と、その株を買って配当などを得たい人が、一堂に集まって売買する場所、つまり証券取引所が設立されるようになったのです。存在するものには、理由があります。

株式投資で儲ける方法

株主にとって、株を保有する理由は、大きく二つです。

一つは、配当を得ることです。これを、インカムゲインと言います。もう一つの理由は、株価の値上がりから利益を得ることです。こちらは、キャピタルゲインと言います。もちろん、「株主優待が楽しみ」という投資家もいます。

キャピタルゲインを得るには、どうしたらよいでしょう。簡単なことです。A社の株が安いときに買って、高いときに売ればよいのです。それだけです。

いやいや、これが失敗なくできれば、誰も苦労しません。効率的市場仮説という見方・考え方があります。これは、株価の形成に影響するような情報は瞬時に市場に取り込まれてしまうから、市場を出し抜いて一人だけ儲けることは困難であるという仮説です。ＡＩを活用する投資手法が高度化しても、おそらくこの仮説は有効でしょう。

では、どうしたらよいでしょうか。

古くから言われているのは、長期・分散投資です。「短期の売買を繰り返すのではなく、長期間、お気に入りの会社の株を所持し続ける」「一社の株だけではなく、同業他社など複数社の株を持つ」「Ａ社の株を一時に買うのではなく、一定の投資額で、株価が下がったらより多くの株数を、高くなったら少ない株数を買い続ける」「そもそも株だけで資産運用しない」などです。

それにしても、株式投資で痛い目にあった人が多くいるためか、これに関わる興味深い格言が残されています。「人の行く裏に道あり花の山」「卵は一つの篭に盛るな」「もうはまだなり、まだはもうなり」。どうですか。株式投資だけではなく、生き方を考えるうえでも参考になります。

■私たちと経済　市場の働きと経済

人の経済行動は感情には逆らえない?!

授業のどんな場面で使える?

市場経済における個人の経済活動について理解したり、市場が効率的な資源配分を実現できる理由について探究したりする場面で扱えます。

人の実際の経済行動を探る

価格が上（下）がれば、需要量が減る（増える）。価格が上（下）がれば、供給量が増える（減る）。公民的分野の教科書でおなじみの法則です。

この法則の前提としてあるのは、「消費者は限られた所得の中で、効用を最大化するように行動する」「企業は、費用を最小化し、利潤を最大化するように行動する」という仮説です。合理的経済人仮説と言ってもよいかもしれません。

この仮説については、かねてから批判がありました。「人は、いつも合理的、利己的に行動しているわけではないよ。地震の被災地へ行ってボランティアだってするし、寄付もするからね」といった批判です。

そこで、実験的な手法によって、感情などに左右されやすい人々の実際の経済行動を追究する経済学の研究分野が現れました。行動経済学です。

根強い損失回避傾向

例えば、次の問いに答えてみましょう（日本銀行金融広報中央委員会「金融リテラシー調査」二〇一六年参照）。

（問）一〇万円を投資すると、半々の確率で二万円の値上がり益か、一万円の値下がり損のいずれかが発生するとします。あなたならどうしますか。
①投資する　　②投資しない
経済合理的に考えた場合、「二万円×五〇％＋（－一万円×五〇％）＝五千円」、五千円は一〇万円の五％ですから、期待収益率（資産運用で将来期待できる平均的なリターンのこと）は＋五％です。＋五％ものリターンが期待できるのですから、当然、「①投資する」を選ぶのが合理的です。

ところが、実際には、「①投資する」と回答した人は約二割にすぎません。八割の人は、「②投資しない」を選びます。人々の損失回避傾向は、かくも強いのです。ちなみに、損失回避傾向は女性の方が強いという結果が示されています。

「最後通牒ゲーム」と人の感情

「最後通牒ゲーム」という大仰な名前のゲームがあります。次のようなゲームです。

（問）私から、Aさんに一万円を渡します。Aさんは、この一万円の中からいくらか（例えば、四千円）を、Bさんに分けるとします（一円単位で）。さて、いくら分けますか。

一方、Bさんは、Aからの申し出を、受け入れるか、拒否するか、どちらかを選択できます。BさんがAさんからの提案を受け入れるとすれば、私は、Aさん、Bさんに、それぞれAさんの提案通りの額を差し上げます（例えば、Aさん六千円、Bさん四千円）。もし、拒否した場合は、渡した一万円を返してもらいます。つまり、Aさん、Bさんともに、受取額〇円です。さて、あなたがAさんなら、いくらをBさんに分けますか。これに対し、あなたがBさんならどのように行動しますか。

もし、利己（合理）的に行動するなら、Aさんは Bさんに一円を分けます。そして、Bさんはこれを受け入れます。たとえ一円の配分でも、提案を拒否すれば受け取れなくなるのですから、Aさん九九九九円、Bさん一円の配分でも拒否しないのが合理的です。

ところが、このゲームを実践してみると、ゲーム参加者の反応は決して合理的なものでないことがわかりました。例えば、AさんからBさんへの配分額は、四千円から五千円が六割から八割を占めます。また、Bさんへの配分額が二千円以下の場合は、ほとんど受取が拒否されます（依田高典『行動経済学』中公新書、二〇一〇年参照）。

どうやら、人は合理的に行動するよりも、「不平等な配分をする相手を懲らしめたい」などの感情に基づいて行動することがあるようです。

いやはや、人の行いは、おもしろいというか、難しいというか…。

■私たちと経済　市場の働きと経済

「株価の暴落が世界的な恐慌につながった」では納得いかない?!

授業のどんな場面で使える?

一九二九年のニューヨーク市場での株価暴落が世界恐慌につながった理由を理解したり、資産価格の変動と実体経済の関係を探究したりする場面で扱えます。

近現代史の授業はやっかい

五月から六月の時期、第三学年の社会科の授業では、歴史的分野の近現代史をやっています。「近現代史の授業は難しいな」と感じます。

例えば、歴史の教科書では、原敬が組織した内閣は「政党内閣」と説明されています。三年生は歴史が終われば、公民的分野を学ぶわけですが、今度は「議院内閣制」について教わります。では、政党内閣と議院内閣制はどう違うのでしょうか。

ちなみに高校の世界史では、「ジョージ一世のときのウォルポール内閣から、責任内閣制が始まる」と教わります。今度は、責任内閣制です。やっかいですね。

近現代の経済史はさらにやっかい

もっとやっかいなのは、経済史です。

例えば、歴史の教科書には、「一九二九年一〇月、ニューヨークの株式市場で株価が大暴落し、世界的な恐慌になりました」などと書かれています。皆さんはこれについて、どの程度理解できたでしょう。

そもそも、株式市場とはどんなところで、株価はどうやって決まるのでしょう。歴史の教科書には、何の説明もありません。

株価の下落と世界恐慌

では、株価の暴落が、なぜ世界的な恐慌になったのでしょうか。

一番わかりやすいのは、株価の下落で、投資家が資産を失ったからという説明です。

全資産をA社の株式に投資している人がいるとします。一株八〇〇円で一万株所有していたとすれば、総資産八〇〇万円です。もし、株価が四〇〇円にまで下がれば当然、総資産額は半分にまで減ります。彼は、新しい家具を買うのをやめたり、バカンスをあきらめたりしなければなりません。こうなると、家具や旅行への需要が減り、家具メーカーや旅行会社の経営が悪化します。つまり、景気が悪化します。

次に、株価が下がると、市中に出回るお金が減るという説明です。

株価や地価が上がれば、それを担保に銀行はお金を貸し出します。その結果、市中に出回るお金が増えます。信用拡大です。出回ったお金は、さらに株価や地価を押し上げますから、さらにお金が増えます。これが、好景気を生みます。

しかし、何らかの理由で株価や地価が下がれば、状況は逆転します。担保価値が下がれば、銀行は貸し出しを減らします。そうなると、株や土地を買おうとする資金が乏しくなるので、株価や地価がさらに下がります。このように、資産価格が下がると、信用収縮によって景気が悪くなります。悪循環です。

最後に、株価は経済の実態を先行して示すからという説明です。

いつでもそうですが、投資家は将来を予測して株を購入します。新製品の販売で、ある企業の業績が伸びると予測されれば、個別銘柄の株価が上がります。その国全体の景気がよくなりそうなら、東証株価指数など市場全体の動向を示す指数が上昇するでしょう。

反対の場合は、反対です。「狂騒の二〇年代」と言われるような好景気も、いつまでも続くはずはありません。多くの投資家がそう考えるようになれば、株価は下がるし、実体経済も悪化します。

言うまでもなく、いつの時代でも、マーケットはグローバルです。世界経済の中心アメリカが風邪をひけば、取引のある世界中の国が肺炎に苦しむことになります。

■ 私たちと経済　国民の生活と政府の役割

家畜が絶滅しないのは、「財産権」のおかげ?!

授業のどんな場面で使える?

市場経済を成立させるうえで財産権が果たす役割を理解したり、財産権が保障されなければどのような問題が生じるか探究したりする場面で扱えます。

あなたが捕るなら、私も捕る

クロマグロ。お寿司に欠かせないネタですが、近年資源量が減少しています。二〇一四年には、国際自然保護連合（ＩＵＣＮ）によって「絶滅危惧」の野生生物として指定されました。一方、鶏肉や豚肉、あるいは牛肉を、毎日のように食べる人は多いでしょう。しかし、鶏や豚、牛が絶滅するといった話は、聞いたことがありません。絶滅が心配されるクロマグロとその心配のない鶏など、この違いはどこにあるのでしょうか。

海中にいるクロマグロは、捕獲されるまでは誰のものでもありません。ですから、資源の枯渇を気にして目の前を泳ぐクロマグロを私が捕らなくても、他の誰かが必ず捕ります。他の誰かが捕るのなら、私も負けずに捕ります。このようにして資源が乱用され、枯渇していくのです。一方、鶏や豚、牛は家畜です。つまり誰かのもの、財産です。ですから、畜産農家は一〇年後、二〇年後のことを考えながら、飼育・繁殖に努めるはずです。絶滅するような飼い方はしません。

このように、財産権の設定が資源の乱用・枯渇を防ぎます。クロマグロも完全養殖が実現し、鶏などと同じように「家畜」になれば、絶滅の心配はなくなります。今後の研究に期待したいところです。

交換の前提となる財産権

二〇一七年告示の中学校学習指導要領社会科公民的分野では、「分業と交換、希少性など」に着目して経済事象を捉えることが求められています。ここで言う交換とは、私の持つ何かとあなたの持つ何かを、相互にやりとりすることです。民法では、「交換は、当事者が互いに…財産権を移転することを約することによって、その効力を生ずる」（第五八六条）とあります。そう、交換とは、財産権の移転なのです。

であるとすれば、大前提として財産権が明確に規定され、保護されなければ、「分業と交換」に基づく社会は維持できません。ですから、日本国憲法は「財産権は、これを侵してはならない」（第二九条）と定めています。民法では、所有権を中心とする財産権は絶対のものであるとして、国家や他人がこれに干渉することはできないとされています（私的所有権絶対の原則）。また、他人のものを勝手に盗んだり、だまして相手の財産を奪ったりすれば、刑法によって罰せられます。

公民的分野の学習指導要領では、「国民の生活と政府の役割」として「社会資本の整備、公害の防止など環境の保全、少子高齢社会における社会保障の充実・安定化、消費者の保護」が挙げられています。確かにこれらは「政府の役割」ですが、より根本的な「政府の役割」として財産権の明確化と保護があるのです。

この点、高等学校公民科の新科目「公共」の「学習指導要領解説」では、次のように述べられています。「政府は、公正かつ自由な経済活動が行われるよう、財産権を保護したり、商取引のルールを整備したりするなどしていること及び所得の再分配政策などによって国民福祉の向上を図っている」。参考にしたい指摘です。

財産権はロックだぜ

イギリスの思想家ジョン・ロックについては、『統治二論』(一六九〇年)によって抵抗(革命)権を唱えたことが、教科書でも取り上げられています。

このロックは、財産権を自然権の一つとして捉えました。人は誰でも、自分自身の所有者です。だから、自分の意志による労働で生み出した財産は、自分自身が絶対的に所有できると主張したのです。

フランス人権宣言では、「所有権は…神聖で不可侵の権利である」(第一七条)と規定されています。ロックの考えが、ここに生きています。

■私たちと経済　国民の生活と政府の役割

フランスの付加価値税、バターは五・五％でマーガリンは二〇％?!

授業のどんな場面で使える?

財源の確保という観点から租税の役割について理解したり、望ましい課税の在り方について探究したりする場面で扱えます。

フランスからの「輸入品」消費税

日本とフランス。正式に外交関係を結んだのは、今から一六〇年ほど前、一八五八年のことです。現在日本は、アジア最大の対仏投資国です。観光では、日本人旅行客が最も訪れるヨーロッパの国がフランスとなっています。

もちろん、貿易もさかんです。日本からフランスへは、機械類や自動車、自動車部品などが輸出されています。

では、フランスから日本へ輸入されているものは、何でしょうか。意外かもしれませんが、第一位は医薬品です（例えば、アレルギー性鼻炎薬アレグラはフランスの製薬会社が創製）。これに機械類、ワイン、バッグ類が続きます。ワインとバッグ、いかにもフランスですね。

しかし、おそらく多くの人にとって最もおなじみのフランスからの「輸入品」は、消費税ではないでしょうか。そう、フランスは「消費税（付加価値税）の母国」なのです。

フランスでは一九五四年、財務官僚であったモーリス・ローレという人物が付加価値税を考案、導入しました。このときは、サービスが課税対象外であったため、一九六八年、小売り段階でも課税する今日の制度に変更されました。

付加価値税の標準税率と軽減税率

フランスにとって、付加価値税は歳入に占める割合が最も高い税目です。なんと、税収の約半分を占めています。日本では、歳入に占める消費税の割合は一八％、所得税が一九・五％ですから、大きく異なります。

現在、フランスの付加価値税の標準税率は二〇％です。ほとんどの商品・サービスについては、この税率が適用されます。ただし、複数の軽減税率があります。未加工の農水産物やレストランでの食事は、一〇％です。動物園や博物館の入場料もそうです。

一方、映画やコンサートの入場料に適用される付加価値税率は、五・五％です。水やお酒以外の飲料も、同じです。書籍にも五・五％の付加価値税が課せられますが、雑誌や新聞は二・一％となっています。

いやはや複雑です。バターの税率は五・五％ですが、マーガリンは二〇％です。なぜ？

バターは畜産物ですが、マーガリンは工業製品、酪農大国のフランスとしては国内畜産業を振興する必要があるのです。

フォアグラとトリュフとキャビア、世界三大珍味も適用される税率が異なります。フォアグラとトリュフは五・五％、キャビアは二〇％です。フランス名産のフォアグラとトリユフには、低い税率を適用して消費を促進しようということでしょう。

公平・中立・簡素

一般に、公平で中立、簡素な税が望ましいとされます（税の三原則）。同じ所得の人には同じ額の税を負担してもらう、これが水平的公平です。一方、高所得の人にはより多く税負担をしてもらうのが公平であるとの考えもあります。垂直的公平です。

課税によって、消費者や企業の経済活動（選択）がゆがめられないのが望ましいとの考え方もあります。中立です。仕組みがシンプルで、誰にとってもわかりやすい税がよい、というのが簡素です。

一般に、消費税（付加価値税）は所得額にかかわらず税率が一定なので、（垂直的）公平に反すると言われています。このため、食品など生活必需品に軽減税率を取り入れる措置がとられるわけですが、こうなると税の仕組みが複雑になり、簡素の原則を満たさなくなります。さらに、どの商品に軽減税率を適用するかをめぐって、特定の業界から働きかけがあったり、それに政治が応じたりした場合、資源配分がゆがめられることになります。

さて、フランスの付加価値税、トレビアンでしょうか、セニュルでしょうか。

■私たちと経済　国民の生活と政府の役割

MMTが、財政政策の新しい「見方・考え方」?!

授業のどんな場面で使える?

市場経済における財政や租税の役割について理解したり、景気の安定に果たすべき財政政策の在り方について探究したりする場面で扱えます。

教科書記述への違和感

公民的分野の教科書を読むと、時々違和感を覚えることがあります。例えば、財政政策について、多くの教科書は次のように説明しています。

「政府は不景気の時には公共投資を増加したり、減税をして消費を刺激したりします。反対に、景気が過熱気味の時には、公共投資を削減したり、増税によって消費を抑制したりします。このような政策により、政府は景気の大きな変動をおさえようとしています」。

私が違和感を覚えるのは、景気がよければ税収が増えるわけで、そんなときに政府は公共投資を減らすかということです。むしろ懐が豊かになった政府は、道路や橋などの建設に財政資金をバンバン使うのではないでしょうか。

また、景気が過熱気味になったからと言って、増税するのは容易なことではありません。増税を歓迎する有権者はいないわけで、そんなことをやったら、政権与党は次の選挙で負けてしまいます。

ケインズ的な政策への批判

財政政策に関わる教科書記述はケインズ的な政策を念頭に置いていますが、この政策にはこれまでも多くの批判がありました。例えば、次のような批判です。

予算の議決、税率の変更などは、議会の仕事です。議会を構成する議員の政治目的は、次の選挙に勝つことですから、彼（女）らは、有権者に喜ばれる政策は実行し、嫌われる政策は避けようとします。その結果、不況時の公共投資拡大や減税は実行されるかもしれませんが、不況期の公共投資削減や増税は実施されないでしょう。財政赤字が拡大する原因です。

ケインズは財政政策の実施者として、公平無私で知的な政治指導者を想定していたと言います（ハーベイロードの前提）。しかし、古今東西そんな政治家はいません（おそらく）。また、財政政策を実施するには、政策担当者が経済状況の変化を正確に把握し、適切な政策を立案しなければなりません。立案された政策を実行するには、予算措置が必要です。これには議会の審議・決定が必要ですから、かなりの時間が必要です。このため、政策がいよいよ実施の段階に入る頃には、当初の経済状況が大きく変わっていたということもあります（財政政策のタイムラグ）。

ちなみに、歴史的分野の教科書では、一九二九年に始まる世界恐慌に対し、アメリカでは積極的に公共事業を拡大して対応したことが説明されています。ローズベルト大統領によるニューディール政策です。

この政策への評価は様々ですが、近年では、アメリカが一九三〇年代の不況から脱却できたのは、ＴＶＡなどの公共投資を拡大したことが原因ではなく、金本位制を廃止してマネーストックを急拡大させる金融緩和政策を実施したことが主因であると理解されるようになっています。財政政策ではなく、金融政策です（岩田規久男『なぜデフレを放置してはいけないか』ＰＨＰ新書、二〇一九年参照）。

ＭＭＴは夢かうつつか幻か

財政政策に関わって、ここ数年ＭＭＴ（現代貨幣理論）という新しい「見方・考え方」が主張されるようになりました。この「見方・考え方」を働かせた政策を、積極的に主張する政治家も現れています。

ＭＭＴによれば、日本やアメリカのように独自に通貨を発行できる国は、財政赤字を気にすることなく、財政支出の拡大ができます。つまり、雇用拡大のためには、債務残高を問題にすることなく財政政策を行うべきだというのです。財政赤字の返済に必要な資金は、新たにお札を刷ればよいのだから、債務不履行に陥る心配はありません。心配すべきは、インフレの加速ですが、これには増税や財政支出の削減で適切に対処できるのだとか。

眉につばをつけながら、この「見方・考え方」の行方を観察したいと思います。

■私たちと経済　国民の生活と政府の役割

シンガポールの救急車の料金は医師の判断で決まる?!

授業のどんな場面で使える?

政府の経済的役割の一つに社会資本の整備があることを理解したり、政府が経済的役割を果たすことに伴う問題点について探究したりする場面で扱えます。

「非競合性」と「非排除性」

中学校学習指導要領によれば、道路や公園、橋など社会資本の整備は、「公害の防止など環境の保全…社会保障の充実・安定化、消費者の保護」と並んで、「市場の働きに委ねることが難しい諸問題」です。では、なぜ、社会資本の整備（公共財の供給）は市場に委ねることができないのでしょうか。

ここでのキータームは、「非競合性」と「非排除性」です。何だかやっかいそうな用語ですが、別に難しいことを言っているわけではありません。

例えば一般の道路は、多くの人が同時にそのサービスを利用します。つまり、私の利用が、誰か他の人の利用と競合するわけではありません。だから、非競合性です。

ペットボトルのお茶をコンビニで買った場合、お金を支払った私が消費を独占できます。逆に言えば、消費を独占できなければ、私は代金を払わないでしょう。これが、排除性です。排除性のある財・サービスは、市場で供給可能です。

一方、一般の道路の場合、利用者一人ひとりから料金を徴収するのは困難です。ですから、利用者から利用の都度料金を払ってもらうのではなく、税金で建設費をまかなうようにしています。こうなると、誰も道路の利用から排除できなくなります。非排除性です。

えっ、救急車って有料なの

では、救急車のサービスはどうでしょう。日本では、一一九番へ電話すれば、誰でも無料で利用できます。つまり道路と同じで、救急車のサービスは税金を使って費用負担されています。しかし、救急車を救急救命士が同乗したタクシーと考えれば（ずいぶん乱暴なたとえですが）、料金の徴収も可能です。実際に多くの国・地域では、救急車の利用は有料です。例えば、ニューヨーク消防局による患者搬送では、一回八万円以上の基本料金がかかります。しかも、病院まで一キロメートルごとに約千円の追加料金です。ミュンヘンの場合、医師の処方がなければ、車両や治療方法などにより一万二千円から七万二千円くらいかかります。シンガポールでは、搬送先病院の医師の判断によります。つまり、緊急性があると判断されれば無料ですが、そうでない場合は二万五千円くらいの費用負担です。台北では、乱用が認められた場合には、約六千円が徴収されます。ここで乱用とは、飲酒などが原因で緊急性が低い、救急搬送されたが自力で帰宅できるなどのことです（消防庁「救急業務のあり方に関する検討会　第三回資料」二〇一六年参照）。

救急車有料化のメリット・デメリット

実は日本でも、救急車利用の有料化が検討されています。二〇一五年には、財政制度等審議会が、救急出動の一部有料化を検討すべきとの建議を財務大臣に行っています。

その理由は、救急車の利用者が年々増加しているからです。確かに、真に救急車のサービスを必要とする人は多くいます。しかし、「病院で長く待つのはいやだから、救急車を呼んだ」とか、「海水浴に行って日焼けしたから」「今日は入院予定日なので病院へ行きたい」といった理由で利用する人もいるようです。

もちろん有料化した場合は、デメリットが予想されます。低所得者の中には、命に関わるような重症でも、救急車を呼ぶのをためらう人が出てくるでしょう。「重症でないのに、救急車を呼んだら有料」とした場合、本人や家族などが軽症・重症を判断するのは難しいかもしれません。いつ、誰が、どうやって料金を徴収するのか、という問題もあります。

いずれにせよ、救急車のサービスは希少です。希少な資源は、市場を通して効率的に配分可能です。しかしその配分結果は、公正の観点からは望ましくないことがあります。

一方、希少な資源を無料で配分したら、確実に無駄遣いが生じます。つまり、資源配分は非効率化します。「タダより高いものはない」のです。

さてどうしましょう。悩ましい問題だけに、追究したくなります。

■私たちと経済　国民の生活と政府の役割

若くして年金を受け取れる制度があるって本当?!

授業のどんな場面で使える?

社会保障制度の基本的内容について理解したり、年金制度の持続可能性を高めるにはどのような制度設計が必要なのか探究したりする場面で扱えます。

老後生活の現実

私、数年後には、定年退職となります。若くはないのです。その後の生活をどうしましょう。実は、これまであまり真剣に考えたことがありません。現実を直視するのが怖かったからです。

ここでは、恐怖心を振り払って、少しだけ現実を確認してみましょう。

明治安田生命の資料（「二〇一八年度の公的年金額と二〇一七年度の高齢者世帯の収支」）によれば、無職高齢者夫婦の実収入は、月平均二二万円ほどです。このうち、公的年金からの収入が一九万円ほどを占めています。約九割です。

一方、無職高齢者夫婦は月に二六万円ほどを支出しています。したがって、一か月五万円の赤字が出ています。

この赤字分、預貯金の取り崩しや保険金の受取などによって補っています。月五万円ですので年六〇万円、もし六五歳の人が、九五歳まで残り三〇年間生活するとしたら、単純計算で一八〇〇万円必要です。こりゃたいへんだ。

年金は保険である

私たちは日々、多くのリスクに直面しています。病気や火災、自然災害などのリスクです。失業のリスクもありますね。

長生きはおめでたいことですが、これもまたリスクです。もし、八五歳まで生きることがわかっているとすれば、六五歳の定年退職後、二〇年間にいくらかかるか、ざっと計算できます。老後必要になる資金を、預貯金で備えることも可能です。

しかし、誰も自分が何歳まで生きるのか、正確に予想することはできません。もし予想以上に長生きしてしまったら、預貯金が底をつく事態になります。

そこで、長生きに備えた保険が必要になります。火災や交通事故のリスクに備えて保険に入るのと同じです。

ただし、長生きのリスクに備えた保険の場合、これを任意加入とすると、長生きの可能性が高い人ばかりが保険加入するようになります。こうなると、保険の運営はたいへんです。保険金の支払いが多額になってしまうからです。

そこで、公的年金は強制加入となっています。私たちの中には、長命な人もいれば、短命な人もいます。短命な人は収めた保険料より少ない年金しか受け取れないかもしれませんが、短命な人が受け取れなかった年金は長命な人、つまり長生きのリスクに直面した人に支払われていきます。これは、火災保険や自動車保険も同じですね。

なお、高等学校公民科の教科書では、「一九六〇年代のはじめに国民皆保険・国民皆年金が実現した」などと書かれています。国民皆保険はすべての人が公的医療保険に加入すること、国民皆年金はすべての人が公的年金制度の対象になることを意味しています。

しかし、年金も保険なのですから、国民皆保険・国民皆年金と別扱いするのは、本来は変です。これは、かつて無拠出の福祉年金の受給者が多かったときがあったため、こう区別されたのだとか。ちなみに、国民年金法という法律名に、保険の文字はありません。

ガクトクへの申請を

多くの中学生にとっては、年金と言ってもピンと来ないかもしれません。それは、そうです。老齢年金を受け取るのは五〇年先、遠い将来です。

しかし二〇歳になれば、国民年金に加入し、保険料を払う必要があります。わずか五年後です。働いている人もいるでしょうし、まだ学生という人も多いでしょう。

大学や専門学校などに通う学生の場合、ガクトク（学生納付特例制度）が使えます。これは、申請すれば保険料の支払いを猶予される制度です。この申請をしておけば、若くして病気やけがで障害を負った場合には、障害年金が受け取れます。

必要なのは申請です。申請がなければ未納扱い、年金受給資格なしです。

■私たちと経済　国民の生活と政府の役割

成年年齢引き下げで、高校生もローンが組める?!

授業のどんな場面で使える?

行政による消費者保護の意義について理解したり、自立した消費者に求められる資質・能力について探究したりする場面で扱えます。

七〇年ぶり、一四〇年ぶり

二〇一五年六月、公職選挙法等の一部を改正する法律が成立・公布されました。翌一六年六月に同法が施行されたことにより、同年七月の参議院議員通常選挙には一八、一九歳がはじめて投票に参加しました。選挙権年齢二〇歳以上から一八歳以上へ、これは七〇年ぶりの引き下げです。

二〇一八年六月、「民法の一部を改正する法律」が成立しました。この改正により、二〇二二年からは「年齢十八歳をもって、成年とする」（第四条）ことになりました。もちろん、改正前は「年齢二十歳をもって…」でした。

日本で成年年齢を二〇歳とはじめて定めたのは、一八七六年の太政官布告です。それから、約一四〇年ぶりの成年年齢引き下げです。これで、選挙権年齢と成年年齢が同じになります。

成年年齢の引き下げと親権

未成年の子供が成人するまでの間、子供を養育監護しながら、その財産管理などをしていく権限を親権と言います。親権を行使する人が、親権者です。

親権には例えば、居所指定権があります。どこに住むのか、未成年者は親権者が指定する場所に住まなければなりません。

職業許可権も親権の一つです。未成年の子供が自営業を営んだり、あるいは、就職したりするには、親の許可が必要ということです。

ただし、親権者が未成年者に代わって労働契約を結ぶことは、未成年者本人の同意を得ていてもできません。あくまでも、労働契約は本人と締結する必要があります。こちらは、労働基準法による規定です。

親権には、「子の財産を管理」（民法第八二四条）することも含まれます。いわゆる、財産管理権です。ただし、労働基準法の規定により、賃金は未成年者に直接支払う必要があります。親権者に払ってはいけません。

成年年齢が一八歳に引き下げられると、一八、一九歳の人は、親権の対象外になります。つまり、どこに住み、どこで働くかを、自分で決められるようになります。自分で稼いだお金の使途についても、親の管理にしたがう必要はなくなります。

未成年者取消権がなくなる

日本の民法は全部で一〇四四条あります。日本国憲法はわずか一〇三条ですから、民法の条文の多さがわかります。しかし外国と比べると、フランスの民法は二四六八条、ドイツは二三八五条あるのだとか。こりゃすごい。

その日本の民法の第五条に、次の規定があります。

「未成年者が法律行為をするには、その法定代理人の同意を得なければならない。…前項の規定に反する法律行為は、取り消すことができる」。

ここで言う「法律行為」とは契約を結ぶこと、「法定代理人」は親権者のことと考えてよいでしょう。ですので民法第五条は、未成年者が契約を結ぶには親権者の同意が必要で、同意なく結ばれた契約は取り消せる、と規定しているのです。これは、未成年者取消権と言われる権利です。

成年年齢が一八歳に引き下げられれば、一八、一九歳の人は、自分の意思で高額商品の購入契約やローン・クレジットの契約を結べるようになります。一方当然ですが、未成年者取消権は行使できなくなります。そうなると、若い人が消費者トラブルに巻き込まれたり、多重債務者になったりすることが心配されます。これに対応するため、消費者契約法が改正され、例えば、「デート商法」など不当な勧誘行為による契約は取り消せるようになりました。もちろん法的な対応は必要ですが、若い人を自立した消費者に育てるための教育がいっそう求められるようになったことは間違いありません

■私たちと経済　国民の生活と政府の役割

自給率の数値だけで、食の安定供給や豊かさは評価できない?!

授業のどんな場面で使える?

日本の農業と食料自給率の現状を理解したり、日本の食料自給率が低下してきた原因やその解決策について探究したりする場面で扱えます。

ああ、日本の農業

「農は国の大本なり」という考え方があります。国の発展は、食の安全・安心を支える農業が基本にあるという考えです。

ところが、その日本の農業は、年々経済的地位を低下させてきました。一九六〇年には、国内総生産額の九％を農業が生み出していました。しかし二〇一五年には、わずか〇・九％に低下しています。

一九六〇年には、農業に一一九六万人が就業していました。総就業者の約二七％です。これが二〇一五年には二〇一万人、総就業者の約三％にまで減っています。しかも、二〇一五年の農業就業者の平均年齢は六七歳、一般の企業なら定年退職の年齢を過ぎています。

農業就業者の高齢化、後継者難もあって、農地面積が減少する一方、耕作放棄地は急増しています。通勤電車の窓からは、元は農地だったのでしょうか、セイタカアワダチソウが繁茂している場所が見られます。

もちろん、明るい話題もあります。農産物の輸出です。二〇一八年には、五六六一億円を輸出しています。二〇一〇年には二八六五億円でしたから、近年の急増ぶりがわかります。ちなみに、輸出先の第一位は香港、これに中国、アメリカが続きます。

食料自給率低下の背景にあるのは

農業と言えば、日本の食料自給率の低さがしばしば話題になります。二〇一八年は三七%、これは過去最低です。政府は食料自給率四五%の目標（二〇二五年）を掲げていますが、達成は難しそうです。

ちなみに、高度経済成長のまっただ中、一九六五年の食料自給率は七三%でした。その後、日本経済の成長とともに食料自給率は低下します。これには、自給率一〇〇%の米の消費量減少が関係しています。国民一人あたり年間の米の消費量は、一九六二年の一一八・三キログラムがピークでした。その後、年々減少し、二〇一六年には五四・四キログラムになっています。ピーク時の半分以下です。

一方、肉類の消費量は大きく増加しています。一九六〇年に国民一人あたり年間一・一キログラムの消費量だった牛肉は、二〇一六年に六キログラムに増えています。同期間に、豚肉は一・一キログラムから一二・四キログラム、鶏肉は〇・八キログラムから一三キログラムへ増えています。

牛肉の自給率は三六%、豚肉は四九%、鶏肉は六四%です。ただしこれらを育てる飼料は輸入されていますから、これを考慮すると、実質の自給率は牛肉一〇%、豚肉六%、鶏肉八％です。

自給率一〇〇％の米の消費が減り、自給率の低い肉類の消費が増えたこと、これらが、日本の食料自給率低下の背景にあります。言い方を変えれば、日本が豊かになり、食卓が多彩になったことが、食料自給率を低下させたのです。

多面的・多角的に食料自給率を考える

諸外国と比較した場合、日本の食料自給率の低さが際立ちます。カナダは二六四％、アメリカ一三〇％、フランスは一二七％です。ドイツは九五％、イギリス六三％、イタリア六〇％ですから、日本はサミット参加国中、最低です。ただし、これは、供給熱量（カロリー）ベースでの食料自給率です。生産額ベースで見た場合、日本は六六％、ドイツ七〇％、イギリス五八％ですから、様子が違ってきます。

また、日本人観光客が多く訪れるシンガポールの食料自給率は、一割未満です。農地が少ない都市国家ですから、仕方がありません。一方、穀物自給率だけに注目した場合、後発発展途上国（ＬＤＣ）の中にも一〇〇％を超えている国があります（例えば、ルワンダは一二七％。日本二八％、香港は〇％）。食料自給率の数値だけを見て、食の安定供給や、豊かさを評価することはできません。多面的・多角的な考察が必要です。

■私たちと政治　人間の尊重と日本国憲法の基本原則

基本的人権の尊重、国民主権、平和主義が三大原理じゃなかった?!

授業のどんな場面で使える?

日本国憲法の基本的原則は何か理解したり、日本国憲法が最も大切にしている原則は何か自分なりに探究したりする場面で扱えます。

公民的分野は「三」が好き

「三」権分立。立法権・行政権・司法権による権力分立制です。日本国憲法では「第四章　国会」「第五章　内閣」なのに、なぜか「第六章　司法」となっています。「裁判所」ではありません。不思議です。

「三」審制。ご承知の通り、一審で出された判決内容に不服な場合、上級の裁判所に控訴・上告が原則として一回ずつできます。誤審を防ぐためです。

非核「三」原則。「核兵器を持たず、作らず、持ち込まさず」という原則です。

「三」面等価の原則。GDPを、生産、消費、分配の三つの側面から見た場合、その額はどれも等しいということです。

財政の「三」機能。資源配分の調整、所得の再分配、景気の安定化の機能です。公平・中立・簡素は、租税の三原則ですね。公開市場操作、公定歩合操作、預金準備率操作、金融政策もかつては三つでした。

日本外交の「三」原則。国連中心主義、自由主義諸国との協調、アジアの一員としての立場の堅持、これはなかなか危ういバランスが求められる原則です。

どうですか。公民的分野の学習内容には、たくさんの「三」があります。

日本国憲法の「三」大原理

一つ重要な「三」を忘れていました。「日本国憲法の三大原理」です。基本的人権の尊重、国民主権、平和主義の三つです。

ところで、日本国憲法の三大原理は、なぜこの三つなのでしょうか。例えば、法の支配や権力分立、象徴天皇制などを、基本原理としてはいけないのでしょうか。

一九四七年に文部省が発行した『新しい憲法のはなし』は、中学校第一学年用の社会科教材です。「新しい憲法」（日本国憲法）の内容について、やさしく解説しています。

この『新しい憲法のはなし』では、憲法前文に示された「いちばん大事な考えが三つあります。それは、『民主主義』と『國際平和主義』と『主権在民主義』です」とされています。基本的人権の尊重、国民主権、平和主義ではありません。

一九五五年の「中学校学習指導要領社会科編」では、「主権在民、基本的人権の保障、立法・行政・司法の三権分立の民主政治の原則や、平和主義や天皇の地位など」を「憲法の特色」としています。三年後、一九五八年に改訂された「中学校学習指導要領」では、「日本国憲法は、基本的人権の尊重、平和主義、国民主権、三権分立、代議制、議院内閣制等の基本的な原則に基いていることを認識させ」るとあります。

これが、一九六九年の中学校学習指導要領になると、「基本的人権の尊重、国民主権および平和主義の基本的原則を理解させる」となります。ここで、はじめて、今日の「三大原理」になります。

自分なりの「日本国憲法の三大原理」を

さて、大学生に「日本国憲法の三大原理は何か」と質問すると、ほぼ確実に「基本的人権の尊重、国民主権、平和主義」と答えます。それくらい、この知識は定着しています。しかし、「なぜこの三つなのか」「なぜ法の支配や権力分立、象徴天皇制などを基本原理としてはいけないのか」と問うと、黙り込んでしまう学生がほとんどです。

おそらく、彼（女）らは、憲法を読んで、自分で「日本国憲法が大切にしているのは、これ」と三大原理を学んだのではありません。教科書を使って、先生から「日本国憲法の三大原理はこれだから、覚えとけよ」と教えられたのではないでしょうか。

せめて「前文」だけでもよいのです。きちんと読んで、自分なりの「日本国憲法の三大原理」を発見したいと思います。いかがでしょうか。

■私たちと政治　人間の尊重と日本国憲法の基本原則

「新しい人権」はそんなに新しくない?!

授業のどんな場面で使える?

基本的人権の保障の重要性を理解したり、社会の変化に伴う人権概念の広がりについて探究したりする場面で扱えます。

「新しい人権」の新しさ

中学校社会科公民的分野の教科書では、一般に平等権や自由権、社会権、参政権や請求権などを学習した後、「新しい人権」について取り上げる構成になっています。「新しい人権」については、環境権や知る権利、プライバシーの権利などを例に、日本国憲法制定当時には想定されていなかったが、その後の社会の変化によって、国民に保障すべきと考えられるようになった権利のこと、などと解説されています。

もちろん、この説明は間違っていません。その通りです。

しかし、世界の憲法に目を向けると、「新しい人権」は本当に「新しい」のかと感じることがあります。それは、「新しい人権」とされている権利を、憲法上規定している国があるからです。

環境権を規定する憲法

大韓民国憲法（第六共和国憲法）は、一九八七年の公布です。ソウルオリンピックが開かれる前年です。

この憲法の第五三条では、環境権が次のように規定されています。

「すべての国民は、健康かつ快適な環境で生活する権利を有し、国家および国民は、環境保全のために、努めなければならない」。

良好な環境の下で暮らすのは国民の権利であるとともに、その保全を努力義務としています。

このような規定を有する憲法は、すでに珍しくありません。一九九一年公布のブルガリア憲法でも、「第五五条　市民は…健康的および快適な環境に対する権利がある。市民は、環境を保全する義務がある」と規定されています。ここでは、環境の保全は市民としての義務です。

プライバシーの権利を規定する憲法

プライバシーの権利については、「世界人権宣言」（一九四八年）に規定があります。「第一二条　何人も、自己の私事、家族、家庭若しくは通信に対して、ほしいままに干渉され、又は名誉及び信用に対して攻撃を受けることはない。人はすべて、このような干渉又は攻撃に対して法の保護を受ける権利を有する」。

日本では、『宴のあと』事件の東京地裁判決（一九六四年）が、これを法的権利として認めました。

憲法の規定でプライバシーの権利を認めている国があります。例えば、「ブラジル連邦共和国憲法」（一九八八年公布）です。この憲法では、「第五条一〇　個人のプライバシー、私生活、名誉およびイメージは不可侵であり、その侵害により生ずる財産的または精神的損害の補償を請求する権利が、保障される」と規定されています。

各国憲法が定める「新しい人権」

「大韓民国憲法」では、犯罪で被害を受けた国民が国家からの救済を受けることが、権利として認められています。「フィリピン共和国憲法」（一九八七年）は、「領土内における核兵器からの自由」を規定しています。

一九八二年カナダ憲法にも、いくつかのユニークな権利が規定されています。例えば、裁判において通訳の援助を得る権利、英語・フランス語以外の少数派言語で初等・中等教育を受けさせる権利などです。イヌイットなど先住民の既存の権利についても、憲法上、認められています。

憲法を国際比較するとわかることがあります。

〈参考文献〉

・畑博行・小森田秋夫編『世界の憲法集』有信堂、二〇一八年

■私たちと政治　民主政治と政治参加

二院制のＧ７参加国は世界では少数派?!

授業のどんな場面で使える?

国会を中心とする日本の民主政治の仕組みを理解したり、望ましい議会制度の在り方について探究したりする場面で扱えます。

日本は明治以来二院制

「帝国議会ハ貴族院衆議院ノ両院ヲ以テ成立ス」

これは、大日本帝国憲法第三三条の規定です。貴族院と衆議院、二院制です。帝国議会の衆議院は、民選の議員から構成されていました。一方、「貴族院ハ…皇族華族及勅任セラレタル議員ヲ以テ組織ス」（第四四条）となっていました。

「国会は、衆議院及び参議院の両議院でこれを構成する」。日本国憲法第四二条の規定により、第二次世界大戦後は衆議院と参議院の二院制（両院制）を採用しています。もちろん、両院ともに「全国民を代表する選挙された議員で…組織」（第四三条）されています。国民代表、民選です。

G7諸国の議会制度

日本では、明治以来、二院制を採用しています。では、先進諸国はどうでしょう。実は、主要国首脳会議（G7）に参加する七か国は、すべて二院制です。ただし、国により二院制の型が異なります。

イギリスの下院は、民選の議員から構成されています。しかし、上院は世襲・任命制の議員が組織しています。これは、貴族院型と呼ばれる制度です。

アメリカやドイツは、連邦制国家です。このような国の場合、二院のうちの一つは、州・邦の利益を代表する議員から構成されています。アメリカの上院、ドイツの連邦参議院がそうです。一方、アメリカ下院やドイツ連邦議会は国民全体を代表する議員から組織されています。このような二院制を、連邦制型と言います。

先述の通り、日本の衆参両院は、どちらも全国民を代表する議員から構成されています。また、両院の議員は、民選です。イタリアもそうです。このような二院制は、民選議院型と呼ばれることがあります。

二院制・一院制の長所・短所

G7参加国はすべて二院制でしたが、実は、世界の六割ほどの国は一院制を採用しています。例えば、スウェーデンやトルコ、韓国などは一院制です。

ただし世界には、一院制から二院制へ移行する国もあれば、逆に二院制から一院制へ移行した国もあります。ロシアは前者、韓国は後者です。やはり二院制、一院制には、それぞれ長所・短所があるからです。

二院制の長所は、慎重な審議ができることです。何しろ、法案を上下両院で二度審議するわけですから、拙速な決定を避けられます。異なる選挙制度で両院の議員を選出すれば、異なる利益を代表する議員から各議院を構成できる可能性があります。

一方、審議が慎重にできるということは、反対に言えば、迅速で効率的な決定がしにくいということです。上下両院の多数を占める政党が異なれば、議会の合意形成は困難です。

一院制の長所・短所は、二院制のそれをひっくり返したものになりますね。

参議院はけっこう強い

公民的分野の授業では、「衆議院の優越」を学習します。しかし、実際の政治プロセスを見ればわかるように、参議院の力は相当なものです。

例えば法律案の議決で、参議院の議決が衆議院と異なった場合、衆議院の出席議員三分の二以上の賛成で再可決できれば、法律になります。しかし、衆議院議員三分の二以上による再可決というハードルは、相当の高さです。

日本銀行総裁や公正取引委員会委員長など重要ポストの人事は、国会の同意が必要です(国会同意人事)。しかも、衆議院の優越はありません。参議院が拒否すれば、ボツです。

「第二院は何の役に立つのか、もしそれが第一院と一致すれば、不要であり、もしそれに反対するならば、有害である」。フランス革命期の政治家シェイエスの言葉とされていますが、その政治的意味は今日においても検討に値します。

■私たちと政治　民主政治と政治参加

多数決では決められない場合がある?!

授業のどんな場面で使える?

民主的な議決方法として多数決が用いられる理由について理解したり、多数決の運用に際して留意すべき点について探究したりする場面で扱えます。

多数決で決めてはいけないこと

集団で何らかの意思決定をするときには、多数決が利用されます。全会一致による意思決定は、合意形成に時間がかかりすぎるからです。そもそも、イデオロギーなどの根本的な対立がある状況では、全会一致による決定は困難です。

では、何でもかんでも多数決で決めればよいのか。もちろん、これも困ります。天動説か地動説か、科学的な真理を多数決で決めるのはナンセンスです。個人の人権に関わるような問題も、多数決にはなじみません。

多数決では決められない

そもそも、多数決では決められない場合があります。次のような例です。

トシミ、ケイ、メグミの三人で、テニス・サッカー・卓球のどれかをやって、遊ぼうと計画しています。三人は、それぞれ次のような好みをもっています。

トシミ：テニス＞サッカー＞卓球

ケイ　：サッカー＞卓球＞テニス

メグミ：卓球＞テニス＞サッカー

では、何をして遊ぼうか、話し合いますが、結論が出ません。そこで、多数決によって、決めることにしました。しかし、単純な多数決では、テニス・サッカー・卓球、それぞれ一票ですから決められません。

そこでまず、テニスとサッカーの二つをくらべ、どちらをやりたいか決めることにしました。この場合、テニス∨サッカーはトシミとメグミの二人、サッカー∨テニスはケイ一人ですから、テニスが選ばれます。

次に、サッカーと卓球です。サッカー∨卓球はトシミとケイの二人です。卓球∨サッカーはメグミだけですから、今度はサッカーが選ばれます。

ここで、テニス∨サッカー、サッカー∨卓球です。ということは、テニス∨卓球になるはずです。

確認しましょう。あれあれ、テニス∨卓球はトシミ一人です。卓球∨テニスはケイとメグミの二人です。卓球の勝ち。

そうなのです。三つの選択肢に三人が右のような優先順位をつけた場合、決められないのです。投票のパラドクスです。

小選挙区制の困った問題

小選挙区制による選挙では、複数の候補者の中で最大の票を得た一人が当選者になります。多数決です。

二〇一七年の衆議院議員総選挙では、例えば、埼玉七区など多くの選挙区で次のような結果が見られました。同選挙区の立候補者は三名でしたが、当選した候補者は九〇八四一票を得ました。第二位の候補者は七八二〇二票、第三位の候補者は三六八三〇票を獲得しています。つまり、第二位と第三位の候補者の得票を合わせると当選者の票数を上回ったのです。これでは、多数の有権者の意思が議席に反映されたのかどうか、微妙です。

そこで、もし上位二名で決選投票をやる制度があれば、選挙結果は変わったかもしれません。一回目の投票の第二位の候補者と第三位の候補者が政策協定を結べれば、ひょっとしたら当選者は一回目の投票で第二位だった候補者になった可能性があるのです。

現在の日本の小選挙区選挙では、当選させたい候補者一人だけの名前を投票用紙に書きます。これを、例えば三名の候補者がいる場合、最も当選させたいA候補に三点、次のB候補に二点、最も当選させたくないC候補に一点を与えるという制度にしたらどうでしょうか。この場合、通常の多数決では無視されてしまう第二位以下の候補者も評価対象になり、より多くの有権者から高評価を得られた人が選ばれることになります。

慣習的に多数決を採用する前に、決め方それ自体の是非を検討したいものです。

■私たちと政治　民主政治と政治参加

「天皇の国事行為」で衆議院解散?!

授業のどんな場面で使える?

日本国憲法が規定する国会と内閣の関係を理解したり、首相が衆議院の解散権をもつことの意義と課題について探究したりする場面で扱えます。

解散は首相の専権事項

公民的分野のどの教科書を見ても、国会と内閣の関係が説明されています。そこでは、当然日本国憲法第六九条が取り上げられています。つまり、衆議院で内閣不信任案が可決された場合には、内閣は総辞職をするか、衆議院を解散して総選挙を行わなければならないということです。

ただし教科書の中には、次の二点に触れていないものがあります。

第一点は、内閣不信任案はめったなことでは可決されないということです。当たり前です。国会で多数を占める政党の党首が内閣総理大臣になるのですから、与党が分裂でもしなければ、内閣不信任案が通るはずはありません。実際、日本国憲法下で行われた衆議院の解散二四回のうち、憲法第六九条による解散は四回にすぎません。

第二点ですが、では実際、どうやって衆議院の解散が行われているかです。実は衆議院解散二四回のうち二〇回は、憲法第七条による解散です。第七条は「天皇の国事行為」を規定していますが、その第三項に「衆議院を解散すること」があります。この規定によって、衆議院を解散するのです。

天皇の国事行為については、「内閣の助言と承認」によることになっています。ですから、内閣の首長である首相は解散権を自由に行使できることになります。よく使われる表現ですが、「解散は首相の専権事項」ということです。

苫米地事件と七条解散

日本国憲法が制定されて間もない一九五二年、吉田茂首相は、憲法第七条による衆議院解散を実行しました。通称「抜き打ち解散」です。

これに対し、この解散により衆議院議員の地位を失った苫米地義三（とまべちぎぞう）が、裁判を起こします。彼は、憲法第六九条によらない解散は憲法に違反する、と主張したのでした。

一審（東京地方裁判所）は原告苫米地の勝訴、反対に控訴審（東京高等裁判所）は国の勝訴、そして上告審（最高裁判所）は…最高裁は、衆議院の解散といった国家統治の基本に関する高度に政治性のある国家行為については司法審査権の外にあり、その判断は政治部門や国民に委ねられるとして、違憲の審査をせずに上告を棄却しました。いわゆる統治行為論です。この後、七条による解散が慣例化していきます。

首相は解散時期を選べる

七条解散が慣例化すると、憲法上衆議院議員の任期は四年と言っても、実際には四年より短いことになります。実際、平均すると三年以下です。何しろ、四年間の任期をまっとうしたのは、第二次世界大戦後、一回しかありません（一九七六年の第三四回衆院選だけは、任期満了による）。

こうなると、首相は解散時期を選べます。何かスキャンダルがあったら、解散しないでしょう。景気が悪く、失業率が高いときもダメです。景気がよく、何か外交上の成果があったとき、こんなときなら解散を選びます。自党の都合最優先ですね。

首相の解散権を制約する？

かつては、イギリスの首相も自由に解散権を行使できました。しかし、これには党利党略による解散・総選挙を認めるものだとの批判が強く、二〇一一年に議会任期固定法が成立しました。同法により、下院を解散するには、下院議員の三分の二以上の賛成が必要になったのです。首相の解散権に制約が設けられたということです。

日本でも、同様の制度を取り入れるべきだという意見があります。ただし、七条解散が最高法規である憲法で認められているとすれば、それを法律で制約してよいのか、という問題が生じます。そもそも、党利党略による解散であったとしても、国民に信を問うのは重要なことで、これを制約するのはよいことなのか、といった意見もあります。

■私たちと政治　民主政治と政治参加

サミットに出席するのは、国王?!　大統領?!　首相?!

授業のどんな場面で使える?

諸外国の政治制度との比較を通して日本の政治の仕組みを理解したり、より望ましい政治制度の在り方について探究したりする場面で扱えます。

サミット参加国

第一回のサミット（主要国首脳会議）がパリ郊外のランブイエで開かれたのは、一九七五年のことでした。石油危機やニクソン・ショックによる経済混乱に対し、政策協調を図るためでした。

このサミットに参加したのは、アメリカ、イギリス、フランス、ドイツ（旧西ドイツ）、イタリア、日本の六か国でした。後に、カナダ、ロシアが参加して八か国になったことがありましたが、現在はロシアの参加が停止されています。なお、欧州連合（ＥＵ）からは、欧州理事会議長と欧州委員会委員長がサミットに参加しています。

サミット参加国の政治制度

さて、サミット参加国は、主要国、あるいは先進国と言われていますが、その政治制度は様々です。少し、見てみましょう。

日本とイギリスには、共通点があります。それは、世襲の元首（天皇、国王）がいることです。元首（国家元首）とは、対外的にその国を代表する人のことです。日本国憲法には、元首に関する明文の規定がありません。このため、憲法上、誰が日本の元首なのか不明です。しかし、外国から派遣された大使は信任状を元首に提出する慣習がありますが、日本に来た大使はそれを天皇に提出します。したがって、海外から見た場合、天皇を日本の元首としていることがわかります。

では、残りの国はどうでしょう。アメリカ、フランス、ドイツ、イタリアには、世襲の元首がいません。これに代わって国の顔、元首を努めるのが大統領です。そう、大統領は選挙によって選ばれた元首なのです。

ちなみに、大統領の選び方は国によって異なります。アメリカ、フランスの場合は、国民が選挙で選びます。ドイツの大統領は、連邦議会と各州議会から選出された議員から構成される連邦会議が選出しています。イタリアも、ほぼ同様です。

すみません。サミット参加国を一つ忘れていました。カナダです。カナダは英連邦の構成国ですから、イギリス国王を元首としています。つまり、大統領はいません。

サミットに出るのは誰か

では、サミット参加七か国のうち、首相がいる国はどこでしょうか。首相とは、国の行政のトップを努める人のことです。

実は、アメリカ以外の六か国には首相がいます。アメリカだけに首相がいません。つまり、アメリカ大統領は、国家元首であるとともに、行政権の長なのです。

それでは、サミットに出席するのは、誰でしょう。国王か、大統領か、首相か、です。先進国の国王は「君臨すれども統治せず」の原則にしたがっていますから、サミットには参加しません。出席者は、首相です。一方、アメリカには首相がいませんから、大統領が出るしかありません。

問題は、フランス、ドイツ、イタリアです。これらの国には、大統領と首相がいます。実は、フランスは大統領がサミットに出席します。外交は大統領の仕事なのです。フランスの首相は大統領によって任命され、内政に権限があります。

これに対し、ドイツとイタリアの大統領は国家元首ですが、象徴的な存在です。外交儀式を行うなどの仕事をしていますが、行政の実務を担当するのは首相です。したがって、サミットには首相が出席します。

ちなみにサミットでは、必ず参加者が集合写真を撮ります。この集合写真、並び方に決まりがあります。ホスト国の首脳が真ん中、その隣に元首である大統領、その外側に首相の順で並びます。同じ地位の人は、在職期間の長い人が内側です。これが、国家間の儀礼上のルール（プロトコール）となっています。

■私たちと政治　民主政治と政治参加

裁判員選任手続きの無断欠席者は三割超え?!

授業のどんな場面で使える?

国民が司法参加することの意義について考察したり、裁判員制度の導入に伴う諸課題を探究したりする場面で扱えます。

裁判所はプロの世界

国会、内閣、裁判所。三権の中で、国会議員は私たちが選挙で直接選んでいます。また、「内閣総理大臣は、国会議員の中から…指名」（日本国憲法第六七条）しますし、国務大臣の「過半数は、国会議員の中から選ばれなければならない」（六八条）ことになっているので、やはり私たちが選挙で選んだメンバーが内閣を構成しています。

では、裁判所はどうでしょう。裁判官は、司法試験の合格者で、司法研修所における司法修習を終えて法曹資格を得た者の中から任用される者が多くなっています。つまり、法律のプロとして雇用（国家公務員特別職）されているのが裁判官です。ですから、私たちの意思が任用に影響を与えることはありません。

そこで、法律のプロの裁判官と一般の市民との間で、具体的な事件をめぐる判断にずれが生じることがあります。裁判官はプロとして量刑の「相場観」をもっていますから、これを基に事件を裁いていきます。一方、一般の市民は、懲罰感情が先に立ってしまうことがあります。

ちなみに、市民という言葉は多義的ですが、市民ランナーや市民オーケストラなどのように、プロに対して「素人」という意味でも使われますね。

一〇年経った裁判員制度

裁判員制度は、市民の感覚や視点を裁判に取り込んでいこうとして導入された制度です。この制度では、刑事事件の審理に、一般の市民と裁判官がともに参加します。裁判員制度が導入されたのは、二〇〇九年です。すでに、一〇年以上が経過しました。この一〇年間で、約一万二千件の裁判員裁判が行われ、九万人以上が裁判員などとして刑事裁判に関わっています（最高裁判所事務総局「裁判員制度一〇年の総括報告書」）。

裁判員として関わった人へのアンケートでは、九割以上が「（非常に）よい経験」をしたと回答しています。審理の内容についても、六割以上が「分かりやすかった」と答えています。裁判員制度の導入によって、法廷にはモニターテレビが設置され、写真や図などを使って事件のポイントが説明されるようになりました。検察官や弁護士の話も、だいぶんわかりやすくなったと評価されています。大きな変化です。

では、量刑にはどのような変化があったでしょうか。実は殺人や性犯罪では、厳罰化の傾向が強まっています。市民感覚の反映なのかもしれません。

一方、課題も見えてきています。裁判員候補者を裁判所に呼び出し、実際に裁判員になる人を決める「選任手続き」というのがあります。これを無断で欠席する人は、三割を超えています。この手続きの前に、仕事などの都合で裁判員候補者を辞退する人の割合は、二〇一八年、六七%となっています。

なお、一審では裁判員裁判が行われても、控訴審は、裁判官だけの裁判が行われます。一審の判決が控訴審で破棄される割合は、近年約一一%です。事実誤認や量刑不当などにより、控訴審が裁判員裁判の結果を覆すケースが増えてきているようです。

検察審査会と強制起訴制度

市民が司法参加するのは、裁判員裁判だけではありません。検察審査会制度への参加があります。こちらは、国民の中から選ばれた一一人の検察審査員が、検察官の不起訴処分の当否を審査するものです。二〇〇九年に強制起訴制度が導入され、審査員一一人のうち八人が二度「起訴すべき」と判断すれば、強制的に起訴できることになりました。

これまで九件の事件が強制起訴されましたが、有罪と判断されたのは二件です。あとの七件は、無罪、あるいは免訴（有罪・無罪を判断せず、刑事裁判の手続きを打ち切る判決のこと）や、公訴棄却（手続きなどの不備を理由に、実質的な審理に入らずに裁判の手続きを打ち切ること）でした。やはり、法律のプロである検察官が不起訴とした案件は、強制起訴しても有罪とするのは難しいようです。

■ 私たちと政治　民主政治と政治参加

選挙の洗礼なしに町村議会議員になれる?!

授業のどんな場面で使える?

地方自治の基本的な考え方について理解したり、人口減少や高齢化などの課題に直面する地方自治の在り方について探究したりする場面で扱えます。

統一地方選挙の実情

一九四七年四月、翌月三日の日本国憲法施行を前に、地方公共団体の首長と地方議会議員の選挙が全国で実施されました。これ以降、四年ごとに多くの地方公共団体で一斉に選挙が行われています。いわゆる統一地方選挙です。

二〇一九年は、統一地方選挙の年にあたりました。一九回目の統一地方選挙で注目されたポイントの一つは、無投票当選が相次いだことでした。

事実を確認しましょう。

まず、町村長選挙です。今回の統一地方選挙では、一二一の町村で首長選挙が行われる予定でした。しかし、五十五の町村では立候補者が一人しかおらず、無投票となっています。半数近くの町村です。中には、一二回連続で村長選が無投票になった北海道の初山別村のようなところもあります。

市長選挙でも、無投票が目立ちました。二〇一九年の統一地方選挙では、八六の市で選挙が行われましたが、二七の市で無投票になりました。その中には、津市や高松市のような県庁所在地も含まれています。両市の市長は、四年前に続いての無投票当選でした。

深刻な議員候補者不足問題

町村議会議員選挙の状況も深刻です。今回の統一地方選挙では、改選定数に占める無投票当選者数の割合が二三・三％でした。およそ四分の一の町村議会議員は、無投票当選ということです。八つの町村では、立候補者が定数を下回ってしまいました。

市議会議員選挙の場合は、さすがに町村議会議員選挙よりも無投票当選者の割合は減ります。それでも、二九四の市であった議会議員選挙のうち、一一市の市議が無投票で決まっています。市町村議会議員選挙同様、道府県議員選挙でも無投票が目立ったのが、二〇一九年の統一地方選挙でした。今回は、四一の道府県で議員選挙が行われましたが、全九四五選挙区のうち、三七一の選挙区で選挙がありませんでした。約四割です。この結果、六〇〇人以上の道府県議会議員は選挙の洗礼を受けることなしに議員になっています。

無投票が増えた原因

では、このように地方議会議員選挙で無投票が相次いでいる原因は何でしょう。

まずは言うまでもなく、人口減少と高齢化です。人口減少が著しい町村では、議員定数を削減しなければ、それを上回る立候補者を得るのは容易でないでしょう。また、高齢化によって立候補者が出にくいということもあります。

地方議員の報酬の低さが問題、という意見もあります。町村議員の平均の報酬（月額）は二一・五万円、これでは専業というわけにはいきません。かと言って、いくら兼業を認める会社が増えてきているとは言え、議員との兼業はどれだけ可能でしょうか。何しろ、議会は日中に開かれるのが一般的です。

議員候補者不足をどうする

議員候補者不足の問題に直面した高知県大川村は、「町村総会」の設置を検討しました。これは、有権者が直接予算案などを審議する方式です。

総務省では、この問題に関する検討会を開きました。その結果、①現行の制度、②少数の専業議員による「集中専門型」議会、③多数の非専業議員による「多数参画型」議会の三つから選べるようにするとの報告書をまとめました。

③の場合は、おそらく議会を夜間に開くなどの工夫が必要かもしれません。すでに長野県喬木村では「夜間・休日議会」が開かれ、兼業の議員が参加しています。

選挙権年齢は一八歳に下げられましたが、被選挙権年齢は変わっていません。これを下げて、若い人の政治参加を促すということもできるでしょう。

「地方自治は民主主義の学校」。みんなが登校したくなる学校にする必要があります。

■私たちと政治　民主政治と政治参加

生徒会選挙でおなじみの立会演説会、かつては認められていた?!

授業のどんな場面で使える?

日本国憲法前文に示された正当な選挙の意味について理解したり、望ましい選挙運動の在り方について探究したりする場面で扱えます。

外国人住民に選挙権はあるか

「日本国民は、正当に選挙された国会における代表者を通じて行動し」

日本国憲法は、前文の冒頭でこう述べています。正当に選挙が行われるには、普通選挙、平等選挙、秘密投票などの選挙の基本原則が実現していないといけません。公民的分野の教科書には、必ず登場しますね。

ここで、普通選挙とは、一定の年齢に達したすべての国民に選挙権が与えられる、との原則のことです。ただし、誰が選挙権を有するのかについては、微妙な問題があります。

日本国憲法は、「公務員を選定し、及びこれを罷免することは、国民固有の権利である」（第一五条）と規定しています。国民です。一方、第九三条では、「地方公共団体の長、その議会の議員及び法律の定めるその他の吏員は、その地方公共団体の住民が、直接これを選挙する」とあります。住民です。

となると、地方公共団体の首長や議会議員の選挙権は、外国人住民でももてるのか、ということが問題になります。実際、マーストリヒト条約によって、EU加盟国はすべてのEU国籍の居住外国人に対して、地方選挙への選挙権を与えています（非EU国籍の居住外国人に選挙権を与えるか否かは、国によって異なります）。

外国人参政権への最高裁の判断は

これまで、この問題についてはいくつかの裁判で争われてきましたが、裁判所は外国人住民に選挙権があるとは認めていません。ただし、在日外国人が自分たちを選挙人名簿に登録するよう求めた裁判の最高裁判決（一九九五年）では、「主文」で請求は棄却したものの、「傍論」では概ね次のような判断が示されました。「憲法第九三条のいう住民とは日本国民のことであり、在留外国人に地方参政権を保障したものではない。しかし、憲法は定住外国人に対し地方参政権を付与することを禁止してはおらず、外国人への選挙権付与は国の立法政策にかかわる事がらであって、そのような立法を行わないからといって違憲の問題は生じない」。なかなか難しい問題です。

公職選挙法による選挙運動規制

選挙は、候補者同士が他よりも多くの票を獲得しようとする競争です。競争ですから、スタートラインでは各候補者横一線でないと困ります。ところが実際には、選挙結果に影響を与える資金力や組織力などで、候補者間、あるいは政党間に、大きな格差があることがほとんどです。そこで、公職選挙法は競争条件を揃えるように、選挙運動に様々な規制を設けています。この規制が厳しく禁止事項が多いので、日本の選挙は「べからず選挙」

などと揶揄されることがあります。

例えば、外国の選挙では一般的な戸別訪問が、日本では認められていません。実は一九二五年に普通選挙法が制定されるまで、日本でも戸別訪問が認められていました。ところが、普通選挙の実現で有権者数が増大したときに、「戸別訪問を認めたら、買収などの不正が行われるのでは」と禁止されたのです。あれから九〇年以上、変化なしです。

生徒会選挙ではおなじみの立会演説会が、国会議員などの選挙では認められていません。これについても、かつては認められていましたが、一九八三年の公職選挙法改正で廃止となりました。対立候補へのヤジが激しく、演説が中断することがしばしばあったからです。

一八歳と一七歳の差

一八歳に投票権が認められるようになり、一八歳の人にも選挙運動が認められるようになりました。ビラ配りを手伝う、ツイッターやフェイスブックなどを利用して投票を呼びかけるなどの運動を行うことができます。一方、同じ高校三年生でも、一七歳の人がこれをやると選挙違反になります。公職選挙法では、満一八歳未満の者は選挙運動ができないとされているからです。

■私たちと政治　民主政治と政治参加

七〇歳と二〇歳では、三倍の票数の差がある?!

授業のどんな場面で使える?

議会制民主主義における選挙の意義について理解したり、日本の選挙制度の課題について探究したりする場面で扱えます。

人口の多い世代は投票率が高い

二〇一八年における七〇歳の人口は、約二一二万人です。これに対し、二〇歳の人口は、一二七万人にすぎません。八五万人ほどの差があります。

二〇一七年に行われた第四八回衆議院議員総選挙では、七〇歳代以上の投票率は六〇・九%でした。全年齢の投票率は五三・七%でしたから、七ポイントほど上回っています。

一方、二〇歳代の投票率は三三・九%です。全年齢の投票率より約二〇ポイント、七〇歳代以上のそれより二七ポイントも低くなっています。これは、困った状態です。

ざっくりと、人口数に投票率をかけてみましょう。七〇歳の場合、二一二万人×六〇・九%で約一二九万票です。これに対し二〇歳の場合は、一二七万人×三三・九%で約四三万票ということになります。なんと、七〇歳と二〇歳では、三倍の票数の差があるのです。すごい差です。

政治家は、次の選挙で当選することを目的に行動しています。「猿は木から落ちても猿だが、政治家は選挙に落ちればただの人」なのですから、当然です。誰だって、いつだって、政治家は選挙ファーストです。しかし、これを批判することはできません。自分の信念とする政策を実現するには、まず政治家であり続けることが必要なのですから。

だとすれば、一二九万票の高齢者向けの政策を優先するか、四三万票の若者向けの政策を重視するか、答えは明白です。当然、前者です。

これが、いわゆる「シルバー民主主義」です。人口が多い高齢者の意向が、人口が少ない若者の意向よりも、政策に反映されやすい政治の構造です。

一八・一九歳に投票権が与えられたが

二〇一五年の改正公職選挙法施行により、選挙権年齢が満一八歳以上に引き下げられました。人口の少ない若者に、政治参加を促そうと実現した施策です。これにより、一八歳が一二二万人、一九歳が一二四万人、合計二四五万人が新たに投票権をもったことになります。

ただし、二〇一七年衆院選における一八・一九歳の投票率は、四〇・五％でした。二〇歳代にくらべれば高いものの、全年齢平均より一三ポイントも低いという結果でした。二四五万人×四〇・五％は約九九万票、一八・一九歳に選挙権を与えても、七〇歳の投票数より三〇万票少ないことになります。

「若い力」を引き出す制度変更は可能か

これでは、まだまだ「若い力」が不足です。もちろん、一〇代・二〇代の投票率を上げるのが最優先課題ですが、選挙制度の変更を主張する意見もあります。

例えば、ドメイン投票制です。これは、子供にも選挙権を与えて、親が子供に代わって投票するという方式です。父母と子供二人の家族では四票が与えられ、例えば、父親が二票、母親が二票を行使します。親は子の将来を考え、投票するでしょう。

年齢別選挙区という方式も提案されています。例えば、一〇代から三〇代までを青年区、四十代から五〇代を中年区、六〇代以上を老年区とし、各区の人口に応じた議員定数を配分し選挙します。人口の多い老年区は青年区より多くの議員を選出できますが、各区の議員定数は決まっているので、年齢による投票率の差が関係なくなります。

余命投票方式というのもあります。これは、年齢別選挙区を設定し、世代ごとの平均余命に応じて議席を配分する方式です。若い世代は余命が長いので、青年区は配分議席が多くなります。

このように、「シルバー民主主義」の解決策がいろいろ提案されています。しかし、その実現は困難です。何しろ、新制度を導入するには「一人一票の原則」を改めるなど制度変更が必要です。そのための法改正に、シルバー世代が賛成するでしょうか。それ以上に、若い人が制度変更に関心をもってくれるかどうか。残念ながら、不明です。

■私たちと政治　民主政治と政治参加

一八歳選挙権は上から降ってきた?!

授業のどんな場面で使える?

民主政治における政治参加の意義について理解したり、望ましい選挙制度の在り方について探究したりする場面で扱えます。

二五歳→二〇歳→一八歳

一八九〇年、第一回衆議院議員総選挙が実施されました。このとき、有権者の資格をもっていたのは二五歳以上の男子で、直接国税一五円以上を収めていた人です。有権者数は約四五万人、全人口の約一％にすぎませんでした。

有権者の納税資格要件が撤廃され、男子の普通選挙が実現したのは、一九二五年の普通選挙法成立によってです。これで、有権者数は国民の約二〇％に広がりました。ただし、この法律が公布される直前に、治安維持法が公布されています。治安維持法によって、国体の変革や私有財産制度の否定を目的とする結社を組織した者や、これに参加した者が処罰されることになりました。

第二次世界大戦後の一九四五年、男女普通選挙が実現します。このとき、女性の政治参加が可能になるとともに、選挙権年齢が二〇歳に引き下げられます。これにより、有権者数は国民の約半分となります。そして、七〇年後の二〇一五年、公職選挙法の改正によって選挙権年齢が満一八歳以上に引き下げられることになりました。全国民に占める有権者の割合は、一八、一九歳が新たに有権者に加わることによって（そして人口の少子高齢化によって）、八割以上を占めるようになりました。

選挙権年齢一八歳は世界標準

世界の国々の中では、選挙権年齢は一八歳がスタンダードです（以下、那須俊貴「諸外国の選挙権年齢及び被選挙権年齢」国立国会図書館調査及び立法考査局『レファレンス』二〇一五年参照）。ＯＥＣＤ加盟の三四か国では、韓国を除く三三か国が一八歳までに選挙権を認めています（韓国は一九歳、オーストリアは一六歳）。世界全体では、約九割の国で一八歳までに選挙権が付与されています。

次に、被選挙権年齢を見てみましょう。日本の場合、衆議院は二五歳以上、参議院は三〇歳以上です。

世界的に見ると、下院議員の被選挙権年齢は、一八歳、二一歳、二五歳がそれぞれ約三割を占めていて、この三つで全体の九割近くになっています。一八歳としている国には、ドイツやフランス、カナダなどがあります。

日本もそうですが、下院議員の被選挙権年齢よりも、上院議員のそれを高く設定している国が多くあります。アメリカは、日本と同じ、下院議員二五歳、上院議員三〇歳です。チェコでは、下院議員二一歳に対し、上院議員は四〇歳と大きな差です。

一八、一九歳は権利をきちんと行使できるか

二〇一六年の参議院議員通常選挙で、はじめて一八、一九歳が選挙に参加しました。

このときの投票率は、全年齢で五四・七％、一八歳が五一・三％、一九歳が四二・三％でした。全体の投票率よりは低かったとは言え、二〇代の投票率は三五・六％でしたから、主に高等学校で行われた主権者教育には一定の効果があったと認められます。

ところが、翌二〇一七年に行われた衆議院議員総選挙では、一八歳四七・九％、一九歳三三・三％へと低下します。一六年の参院選のとき、一八歳だった人は約半数が投票に行ったのに、翌年一九歳になった人は三分の一しか衆院選に投票しなかったのです。

これには、大学生になって一人暮らしを始めた人が住民票を居住地に移していなかったなど様々な原因が考えられますが、主権者教育の効果の持続性に疑問を残しました。

一九世紀イギリスのチャーチスト運動や、大正デモクラシーの高まりとともに広がった日本の普選運動、また、市川房枝らが主導した婦人参政権獲得運動、選挙権の拡大は人々の強い要求によって実現してきました。

しかし、一八歳選挙権は、若者の切実な願いと行動から現実化したものではありません。「上から降ってきた」選挙権の効果的な行使、主権者教育の課題です。

■私たちと国際社会の諸課題　世界平和と人類の福祉の増大

外交のパーティーには悩みがつきもの?!

授業のどんな場面で使える?

日本外交の現状について理解したり、グローバル化が進展する今日の国際社会における日本の外交課題について探究したりする場面で扱えます。

大阪G20サミットでの集合写真

「サミットに出席するのは、国王⁉ 大統領⁉ 首相⁉」でも取り上げた通り、主要国首脳会議（G7）で集合写真を撮るときには、並び方にルール（プロトコール）があります。二〇一九年六月、大阪で第一四回主要二〇か国・地域首脳会議（G20サミット）が開かれました。当然ですが、この会議でも集合写真が撮られています。

インターネットでこのときの写真を見ると、やはりプロトコールにしたがっているのがわかります。最前列中央には、ホスト国日本の安倍首相が写っています。その右隣には次回の開催国サウジアラビアのムハンマド皇太子、左隣は前回の開催国アルゼンチンのマクリ大統領が立ちます。その他、最前列には、中国の習国家主席（英語ではプレジデント）、ロシアのプーチン大統領、アメリカのトランプ大統領など元首が並びます。

第二列に立つのは、インドのモディ首相、イギリスのメイ首相などです。実は、ドイツのメルケル首相は最前列の左端に写っています。これは、彼女の首相としての在任期間が長いためだとか。

ちなみに、多くの首脳たちが短時間で集合写真を撮るため、足下には国名が書かれた紙が貼られていたそうです。

国賓とは、公賓とは

毎年、多くの要人が外国から日本に来ます。このうち、日本政府が費用負担して招待するのが公式訪問です。

公式訪問客の中で、国王や大統領など元首が対象となるのが「国賓」です。これに対し、「公賓」は、皇太子や首相、副大統領などが対象となります。国賓や公賓の場合、日本の首相との会談や会食が行われる他、天皇との会見や宮中晩餐会などが行われます。

「公式実務訪問賓客」や「実務訪問賓客」といった招聘の枠組みもあります。こちらは、より実務的な目的で来日する方です。日本の外務大臣が交渉相手の外国の閣僚や国際機関の長などを招聘する場合は、「外務省賓客」と呼ばれています。

外交と言えば華やかなパーティー

お客さんをお呼びしたら、パーティーがつきものです。これは、一般の私たちのおつきあいでも、国と国との関係でも同じです。

パーティーの場合、まずは誰を招待するかです。主催者側としては、主賓よりも地位の高い人は呼ぶのを避ける配慮が必要です。また、対立する関係にある国は同じパーティーに招かない、などの心遣いも欠かせません。

パーティーで出す料理や飲み物について、宗教上の制約への配慮が必要なのは言うまでもありません。主賓がベジタリアンということもあるかもしれません。

何を着ていくか、パーティーと言えばこれが悩み事の一つです。結婚式では、ゲストの女性が白のドレスを着ていくのはNG。白を着るのは花嫁だけの特権です。

外交上行われるパーティーでは、招待状に服装の指定がなされています。宮中晩餐会などでは、男性はタキシードにブラックタイ、女性はイブニングドレスです。

国旗掲揚のプロトコール

国旗は、国の象徴です。これに敬意を表するのは、国際社会の基本的マナーです。

国旗の掲揚にも、プロトコールがあります。まず、「右上位」の原則です。外国から賓客を迎えた場合、相手国の国旗を右（向かって左）、左に日本国旗を掲げます。その際、日本国旗と外国国旗の大きさ、ポールの高さを同じにするというのも原則です。

なお、刑法九二条には、外国国章損壊罪が規定されています。侮辱を加える目的で外国の国旗を損壊などした者は、罰せられることがあります。要注意です。

〈参考文献〉
・外務省「わかる！国際情勢　国際儀礼（プロトコール）」外務省Ｗｅｂページ

■私たちと国際社会の諸課題　世界平和と人類の福祉の増大

「国旗」「国歌」にはトリセツがある?!

授業のどんな場面で使える?

国旗や国歌が主権の象徴であることを理解したり、国家間で互いに主権を尊重し合っていくうえで国際的な儀礼が必要とされる理由を探究したりする場面で扱えます。

国旗・国歌の「国際的な儀礼」

「『国家間の相互の主権の尊重と協力』との関連で、国旗及び国歌の意義並びにそれらを相互に尊重することが国際的な儀礼であることの理解を通して、それらを尊重する態度を養うように配慮すること」

中学校学習指導要領社会科公民的分野の「三　内容の取扱い」における指摘です。

「外交のパーティーには悩みがつきもの?!」でも取り上げた通り、「国際的な儀礼」(プロトコール)としては、外国国旗を掲揚するときは、外国国旗だけでなく日本国旗も掲げます。その際、外国国旗が右側(向かって左)、日本国旗が左です。掲揚する際には、外国国旗を先に、日本国旗を後に上げます。下げるときは反対です。日本国旗を先に、外国国旗を後に降ろします。外国国旗に敬意を払い、できるだけ長く掲揚するためです。

国旗と地方自治体などの旗は、同列に扱いません。国旗は一番高いポールに掲げる、国旗以外の旗はサイズを小さくするなどの扱いが必要です。

国歌の演奏中、男性は脱帽し、帽子を胸に当てます。帽子をかぶっていないときは右手を胸に当てるか、両手を自然に下げます。女性の場合も同様です。いずれにせよ、おしゃべりをしない、身動きしないが礼儀です。

国旗の法的根拠

日本国憲法には、国旗・国歌に関わる規定がありません。「日章旗」を国旗、「君が代」を国歌と規定しているのは、一九九九年制定の「国旗及び国歌に関する法律」です。

では、諸外国の事情を見てみましょう。

例えば、フランスです。青・白・赤のトリコロールでおなじみの国旗ですが、一九五八年憲法の「第一編　主権について」の第二条で、「共和国の紋章は、青、白、赤の三色旗とする」と規定されています。お隣のドイツも同様です。ドイツ連邦共和国基本法（ボン基本法）の第二二条で、「連邦国旗は、黒・赤・金である」としています。両国とも、規定は色だけです。

中国の場合も、国旗が憲法で定められています。第一三六条「中華人民共和国の国旗は、五星紅旗である」。「五星紅旗」と言われれば、すぐに「あのデザイン」とイメージが浮かぶような共通理解があるということでしょう。

なお、アメリカの国旗・星条旗は、憲法ではなく、連邦国旗法により規定されています。星条旗の星が五〇個になったのは、一九六〇年、ハワイが州に昇格したときです。

イギリスの「ユニオン・ジャック」は慣習上、国旗とされています。

なかなか過激な国歌

オリンピックの表彰式。優勝者の栄誉をたたえ、母国の国旗が最も高いところに掲揚され、国歌が演奏されます。感動のときです。

国歌には、歌詞があるのが一般的です。もちろん、日本の国歌には歌詞があります。しかし、歌詞のない国歌もあります。例えば、スペインです。「国王行進曲」と呼ばれる国歌に、歌詞はありません。国際的なスポーツイベントで選手と観客が一緒に歌えるような歌詞をつけようとしたこともありましたが、結局、定着しませんでした。

国歌の歌詞には、その国の歴史が詠み込まれています。このため、革命を経験した国の国歌には、けっこう過激な歌詞があります。

フランスの国歌「ラ・マルセイエーズ」には、次のような歌詞があります。「聞け、戦場に／響き渡る凶暴な敵兵の怒号を／敵兵は我らの地に攻めてくる／子供や妻の喉を掻き切るために」。中国国歌「義勇軍行進曲」にも、「起て！起て！起て！／我ら万人心を一つに／敵の砲火をついて前進しよう！」とあります。戦意高揚の効果がありそうです。

〈参考文献〉
・21世紀研究会編『国旗・国歌の世界地図』文藝春秋社、二〇〇八年

■私たちと国際社会の諸課題　世界平和と人類の福祉の増大

「東京五輪音頭」の歌詞は公募で決まった?!

授業のどんな場面で使える?

現代の国際社会における国家間の協力の重要性に気づいたり、国際政治の動向について探究したりする場面で扱えます。

「すがた形はちがっていても…」

四年に一度の閏年、二月が二九日まであるこの年には、アメリカで大統領選挙が行われます。そしてもちろん、夏のオリンピック・パラリンピックです。

高度経済成長期まっただ中の一九六四年、東京でオリンピックが開かれました。このとき、オリンピックムードを高めようとつくられた曲があります。「東京五輪音頭」です。

作曲者は、後に国民栄誉賞を受賞する古賀政男。では、作詞者は誰でしょう。実は、歌詞は公募されました。そして、見事採用されたのは、島根県庁の職員だった宮田隆の歌詞でした。

「東京五輪音頭」の三番の歌詞に、次があります。

「すがた形はちがっていても　いずれおとらぬ若い花　ヨイショコーリャ若い花」。

宮田は第二次世界大戦に従軍し、フィリピンで終戦を迎え、捕虜収容所に入れられた経験があります。この経験から、民族、宗教、政治的信条などが異なっていても、オリンピックの場でともにプレーすることの重要性について、この歌詞で示したのです。

これは、オリンピック憲章にある「オリンピズムの基本原則」とまさに同じ理念です。この基本原則は、言います。

「スポーツをすることは人権の一つである。すべての個人はいかなる種類の差別も受けることなく、オリンピック精神に基づき、スポーツをする機会を与えられなければならない」。

一九四〇年東京オリンピックの中止

しかし、理念通りに事が運ばないのが、世の常です。オリンピックもそうです。四年に一度のこの祭典は、常に国際政治の現実に翻弄されてきました。

一九一六年、ベルリンで開催される予定だった第六回オリンピックは、第一次世界大戦により中止となりました。同じベルリンで一九三六年に開かれた第一一回は、ヒトラーがドイツの優越性を誇示しようとした大会でした。おなじみの聖火リレーが始まったのは、この大会からです。日本統治下の朝鮮半島出身・孫基禎（ソン・キジョン）が、胸に日の丸をつけたウェアを着てマラソンに優勝したのも、この大会です。

一九四〇年には、東京で第一二回オリンピックが開催される予定でした。実際に競技場の建設など準備が進められましたが、一九三七年、盧溝橋事件が勃発、翌三八年には東京オリンピックの中止が決定されました。これを受けて、ヘルシンキでの代替開催が決まりましたが、ソ連によるフィンランド侵攻（冬戦争）が始まったため、結局、一九四〇年のオリンピックは開けませんでした。なお、一九四四年の第一三回ロンドン大会も、第二次世界大戦の勃発で中止になっています。

「四年たったらまた会いましょと…」

「四年たったらまた会いましょと　かたい約束夢じゃない」

「東京五輪音頭」一番の歌詞です。ところが、第二次世界大戦後のオリンピックでも、この「かたい約束」を実現するのは困難でした。

まず、一九四八年の第一四回ロンドン大会には、敗戦国日本とドイツは招待されませんでした。一九七二年の第二〇回ミュンヘン大会では、オリンピック史上最悪の悲劇と言われるテロ事件が起こります。パレスチナ武装組織「黒い九月」が選手村を襲撃、イスラエルの選手が殺害されたのです。一九七九年、ソ連のブレジネフ政権は、アフガニスタンに侵攻します。これを受けて、一九八〇年の第二二回モスクワ大会を、日本を含めた西側諸国がボイコットします。四年後の八四年、ロサンゼルスで開かれた第二三回大会には、今度はソ連など東側諸国が参加しませんでした。

「オリンピズムの目的は…人類の調和のとれた発展にスポーツを役立てることである」。国際平和の実現は困難な課題ですが、オリンピックの可能性に期待したいと思います。

■私たちと国際社会の諸課題　世界平和と人類の福祉の増大

「フェアトレード」と「公正取引」は意味が違う?!

授業のどんな場面で使える?

国家間の経済格差の原因について理解したり、発展途上国の貧困問題を解決する方法について探究したりする場面で扱えます。

「フェアトレード」と「公正取引」

公民的分野の教科書には、次々と新語が登場します。「ワーク・ライフ・バランス」「インフォームド・コンセント」「マイクロクレジット」など、気がつけばカタカナばかりです。日本語に訳しにくい、無理に訳しても意味が適切に通りにくいということでしょう。

「フェアトレード」もそうです。これを「公正取引」と訳しても、公正取引委員会(Fair Trade Commission)の公正取引とは意味が違います。やはり、フェアトレードはフェアトレードです。

フェアトレードについては、いくつかの教科書が取り上げています。多くの場合、発展途上国の農産物や軽工業品などを、先進国の消費者が生産者の労働に見合う公正(適正)な価格で購入し、貧困問題の解決を図ろうとする試みとして説明されています。

この教科書の説明に間違いはありません。ただ残念なのは、フェアトレードが発展途上国の貧困解消に本当に役立つのか、その効果に関わる評価が記述されていないことです。フェアトレードによって経済が成長軌道にのり、ＧＤＰが増えて国民生活が豊かになった事例が実際にあるのかどうかです。

フェアトレードの経済効果は

おそらく、教科書がフェアトレードの経済効果について記載しないのは、この問題についての評価が確定しないからです。

一般に、フェアトレードによって、発展途上国の生産者の生活向上が実現する、児童労働や強制労働から解放される、などとされています。農産品や鉱産物など一次産品の価格は変動が激しいのが一般的ですが、フェアトレードによって価格が安定すれば、確かに生産者の安定した生活が期待できそうです。

一方、カカオなどの国際価格が下がっているとすれば、それは供給過多が原因であるとの考えもあります。供給が多すぎるのが原因なのに、国際価格を上回る「公正な価格」でカカオなどを購入すれば、供給を減らそうとするインセンティブが生産者には働きにくいでしょう。結果として、利益の出る他の作物への転換は進みにくくなります。

経済格差を生む原因は生産性

「中学校学習指導要領解説　社会編」（二〇一七年）は、「貧困に関わっては、先進国と発展途上国との関係や経済的な格差ばかりではなく、発展途上国間においても経済的な格差が広がっている」と指摘しています。では、経済格差を生んでいる原因は何でしょうか。

結論から言えば、生産性の違いです。経済を成長させるには、技術進歩による生産性の向上が不可欠です。生産性を高めるには、人的資本（労働力）の質を向上したり、新しい機械の導入によって資本装備率を上げたりする必要があります。

人的資本の質を高めるには、教育の役割が重要です。学校教育の普及が欠かせません。新しい機械を導入するのは、投資です。投資に必要なのは、貯蓄です。もし、貯蓄に回す資金がないとすれば、外国から借りるという方法もあります。

そもそも、経済の安定的な成長には、政府の役割が重要です。財産権を保障したり、司法制度を維持したりするのは、政府です。道路や港湾などインフラの整備も、政府の仕事です。治安の維持もそうですね。

さらに、どのような経済政策（成長戦略）をとるのかも、経済成長に影響します。自力更生や輸入代替工業化による経済成長を目指した国もありましたが、アジア諸国で経済成長に成功した国は、輸出志向型工業化政策をとりました。

経済成長を実現して貧困を解消するのに、手っ取り早い方策はありません。人的資本にしても物的資本にしても、質の向上や量の蓄積は一朝一夕にはできないのです。この当たり前のことを、指摘したいところです。

■私たちと国際社会の諸課題　世界平和と人類の福祉の増大

「戦争の放棄」をうたった条項を有する憲法はけっこうある?!

授業のどんな場面で使える?

日本国憲法が定める平和主義の意義について理解したり、日本の安全保障政策の在り方について探究したりする場面で扱えます。

日本国憲法と自衛隊に関わる世論調査結果

私の数少ない趣味の一つは、新聞の読み比べです。ことに、各社が行う世論調査の結果を比較するのが大好きです。これをやると、いろいろと見えてくることがあります。憲法記念日のある五月に行われる世論調査には、特に注目しています。次に示すのは、二〇一九年五月三日に朝日新聞社が明らかにした「憲法と政治意識の世論調査」の結果です（https://www.asahi.com/articles/ASM4M4CDXM4MUZPS003.html）。

◆以下は、憲法第9条の条文です。（憲法9条条文は省略）あなたは、憲法第9条を変えるほうがよいと思いますか。変えないほうがよいと思いますか。
変えるほうがよい　28　変えないほうがよい　64　その他・答えない　8
◆あなたは、いまの自衛隊は、憲法に違反していると思いますか。違反していないと思いますか。
違反している　19　違反していない　69　その他・答えない　12

どうでしょう。第九条第二項は「陸海空軍その他の戦力は、これを保持しない」と規定していますが、自衛隊は合憲であると約七割の人が考えています。自衛隊は「戦力」ではないとの理解でしょうか。実際「戦力」ではなく、「実力」であるとの解釈もあります。

そもそもこの調査は、第九条全体の改正の是非を問うています。では、第一項は変える必要はないが、第二項は改正が必要と考えた人は、どう回答したのでしょう。

なお、同じ朝日新聞社が二〇一五年に行った憲法学者を対象としたアンケートでは、六三％が自衛隊を違憲としています。また、憲法改正は必要と回答した憲法学者は、五％でした。一般の国民と憲法学者の見解は、異なります。

「戦争の放棄」

日本国憲法第九条第一項は「戦争の放棄」をうたっていますが、これに類する条項を有する憲法はけっこうあります。例えば、ドイツ連邦共和国基本法第二六条では、「諸国民が平和のうちに共生することを妨げ、とりわけ侵略戦争の遂行準備に資するとともに、そのような意図をもってなされる行為は、違法である」と規定されています。また、大韓民国憲法は、「国際平和の維持に努め、侵略戦争を否認する」（第五条）とうたっています。同じアジアでは、フィリピン共和国憲法が「国策の手段としての戦争を放棄する」（第二条第二節）と規定しています。さらにこの憲法、「領土内における核兵器からの自由を政策目標とする」（第二条第八節）としていますし、「外国の軍事基地、軍隊、施設はフィリピン国内では認められない」（第一八条第二五節）とも定めています。

ただし、日本国憲法が第九条第二項で戦力の不保持をうたっているのに対し、ここで取り上げた三か国の憲法は、いずれも軍隊の保持を認めています。ドイツの憲法は、「連邦は、防衛のために軍隊を設置する」（第八七ａ条）と定めています。一八歳以上の男子に兵役を義務づける規定もあります（ただし現在、徴兵制は停止されています）。

韓国の憲法では、「国軍は、国家の安全保障および国土防衛の神聖なる義務を遂行することを使命」（第五条）とするとあります。フィリピンの憲法も、「フィリピン国軍は…軍事訓練を受けて兵役に就く市民をもって組織される」と規定しています。

世論調査による自衛隊の信頼度

では、再び世論調査です。日本経済新聞社は、自衛隊やマスコミ、国会議員など八つの組織や公職を挙げ、それらが「信頼できる」か「できない」か調査しました（二〇一九年一月二一日）。これによると、「信頼できる」との回答が最も多かったのは自衛隊でした。国民からは「信頼できる」と評価されている自衛隊、憲法規定との関係はどう捉えたらよいでしょう。多面的・多角的な考察が求められます。

■私たちと国際社会の諸課題　よりよい社会を目指して

すべての幸福な国は互いに似かよっている?!

授業のどんな場面で使える?

どのような社会がよりよい社会なのか検討したり、よりよい社会を実現するにはどのような方法があるのか探究したりする場面で扱えます。

幸福な国は「互いに似かよったもの」

ロシアの文豪トルストイの名作『アンナ・カレーニナ』。この小説の冒頭に、次の文があります。「幸福な家庭はすべて互いに似かよったものであり、不幸な家庭はどこもその不幸のおもむきが異なっているものである」（木村浩訳、新潮文庫）。

そうかもしれません。健康状態や収入、夫婦関係など、幸福な家庭はどれも一定の水準を満たしています。これに対し、ある家庭が不幸であるとすれば、それは様々な事情が作用しているように思います。

国家レベルでもそうでしょう。「すべての幸福な国は互いに似ている。不幸な国はそれぞれの理由で不幸である」と言えるかもしれません。

幸福度の高い国はどこか

「世界の幸福度ランキング」というデータがあります。その二〇一九年版によれば、幸福度世界第一位はフィンランドです。これに、デンマーク、ノルウェーが続きます。北欧勢は、強いのです（https://worldhappiness.report/）。

では、日本は。実は、なんと五八位です。低いと感じるでしょうか。それとも、「こんなもんだよな」との感想でしょうか。

ちなみに、最下位は国内で武力衝突が続く南スーダンです。次いで、中央アフリカ共和国やアフガニスタン、タンザニアといった国が下位に位置します。

国民一人あたりのGDPと幸福度

幸福度ランキング上位の国は、どんな点が互いに似かよっているのでしょうか。

まずは、国民一人当たりのGDPの高さです。ノルウェーは世界第四位、デンマーク一〇位、フィンランドは一五位です。日本は、二〇〇〇年には世界第二位に位置していましたが、二〇一八年には二六位にまで下がっています。バブル崩壊後の「失われた二〇年」とも言われる経済状況が、日本の幸福度の低さの原因となっているようです。

自由と幸福度

自由は、人の幸福度に影響します。自由に表現したい、自分のことは自分で決めたいというのは、人の基本的な欲求です。そこで、各国の報道の自由度を見てみましょう(https://ecodb.net/ranking/pfi.html)。世界ランキングを見ると、ノルウェーは世界第一位です。フィンランドが二位、デンマークは五位となっています。どうやら、幸福度の高さと報道の自由度は関係がありそうです。

日本は、どうでしょう。なんと六七位。理由を知りたくなります。

平等と幸福度

自由でありたいという願いとともに、平等でありたいというのも、人の基本的欲求です。この欲求が満たされた国の方が、おそらく幸福度は高いでしょう。

「ジェンダー・ギャップ指数」をご存じですか。様々な分野における男女格差の現況を、総合的に数値で示したものです（http://www3.weforum.org/docs/WEF_GGGR_2018.pdf）。

二〇一八年版を見ると、ノルウェーが世界第二位、フィンランドが四位、デンマークは一三位です。日本については、調査対象となった一四九か国中、なんと一一〇位です。女性の国会議員や企業等で管理職ポストに就いている女性の少なさなどが、原因のようです。

よりよい社会を目指して

フィンランド・デンマーク・ノルウェーは、消費税（付加価値税）率の高さで有名です。日本の二倍以上、二〇%を超えています。税負担が軽い国ほど「よりよい社会」であるとすれば、幸福度の高いこれらの国は「よりよい社会」ではないかもしれません。

では、目指すべき「よりよい社会」とはどのような社会なのでしょうか。まず、この点について議論したいところです。

持続可能な社会の実現は三つの不等式から構想すべき?!

授業のどんな場面で使える?

現代の国際社会がかかえる諸課題の具体的内容を理解したり、環境問題などのグローバル・イシューにいかに取り組むべきか探究したりする場面で扱えます。

「持続可能性」という「見方・考え方」

中学校社会科公民的分野では、内容「D　私たちと国際社会の諸課題　(一)　世界平和と人類の福祉の増大」において「対立と合意、効率と公正、協調、持続可能性などに着目して、課題を追究したり解決したりする活動」が求められています。今次の改訂では、「現代社会の見方・考え方を働かせる学習の一層の充実」が公民的分野の「改訂の要点」の一つとされたわけですが、国際社会の諸課題について探究する際に働かせる「見方・考え方」として「協調と持続可能性」が新たに示されたのです。

そこで、ここでは、持続可能性という「見方・考え方」に注目しましょう。

持続可能性については、地理的分野でも重視されています。内容「C　日本の様々な地域　(四)　地域の在り方」では、「地域の在り方を…持続可能性などに着目し…地理的な課題について多面的・多角的に考察、構想し、表現すること」が求められています。

また、公民的分野の内容「B　私たちと経済　(二)　国民の生活と政府の役割」では、「財政及び租税の意義」の学習に関わって、財源の確保と配分という観点から「財政の現状や少子高齢社会など現代社会の特色を踏まえて財政の持続可能性と関連付けて考察し、表現させること」(「内容の取扱い」)が求められています。

「持続可能な開発」

このように、中学校の地理や公民的分野で持続可能性が注目されたのは、やはり「持続可能な開発目標（ＳＤＧｓ）」が、二〇一五年、国連サミットで採択されたことによります。ねらうのは、「誰一人取り残さない」持続可能で多様性と包摂性のある社会の実現です。

このために、一七のゴール（国際目標）と一六九のターゲットが設けられました。一七のゴールには、貧困の解消、質の高い教育の確保、平和で包摂的な社会の促進などが含まれています。どれも「持続可能な開発」には欠かせない目標です。

ところで、「持続可能な開発」という概念は、国連「環境と開発に関する世界委員会」の報告書「我々の共通の未来」（一九八七年）で取り上げられたものです。「将来世代のニーズを満たしつつ、現在世代のニーズも満足させるような開発」。「持続可能な開発」はこのように定義されています。

持続可能な社会と三つの不等式

では、もう少し具体的に、持続可能な社会が満たすべき要件を見てみましょう。ここでは、アメリカの環境経済学者ハーマン・デリーの提唱した三つの不等式をご紹介します。

①再生可能な資源の消費速度＜再生可能な資源の再生速度
マグロの繁殖するスピード以下に消費を抑えれば、マグロ資源の枯渇は防げます。SDGsの目標一四には、「［海洋資源］持続可能な開発のために、海洋・海洋資源を保全し、持続可能な形で利用する」がありますが、まさにこれです。
②枯渇性資源の消費速度＜再生可能な資源の開発速度
石油や石炭など化石燃料の消費スピードが、太陽光発電や風力発電など再生可能な資源の開発スピードを超えてはならないということです。
③汚染物質の排出速度＜自然界が安全に吸収する速度
私たちが排出する二酸化炭素は、森林や海洋が吸収します。しかし、自然が吸収できるスピードを超えて二酸化炭素の排出が進めば、濃度が高まり、温暖化がいっそう進んでしまうかもしれません。
「持続可能な開発」については、ついつい理念目標として捉えがちですが、ここで紹介した三つの不等式を参考に、具体的な方策を構想したいものです。

〈参考文献〉

・三橋規宏『環境経済入門〈第四版〉』日本経済新聞出版社、二〇一三年

おわりに

やや古い調査で恐縮ですが、文部科学省の「義務教育に関する意識調査」（二〇〇五年）の結果によれば、中学校一年生で社会科を好き（「とても好き」「まあ好き」の合計）と回答した生徒は五三・二％、二年生は四六・五％、三年生は三七・九％でした。何とも悲しい右肩下がりです。

当時の教育課程では、第一学年と第二学年で地理的分野と歴史的分野を並行して学習させるのが原則で、その基礎の上に、第三学年では公民的分野の授業が行われていました。一年から三年にかけて一五ポイント近く社会科好きが減るということは、地理・歴史に比べ公民好きが少ないということです。この状況は、調査から一〇年以上が経った今日でも、おそらく変化していないでしょう。

「はじめに」にも書いたように、雑談ネタを通して、「毎日の授業が活性化し、『公民好き』の生徒が一人でも増えてくれたら」との願いを込めて、本書を執筆しました。本書を活用した授業によって、「公民の勉強っておもしろいかも」と感じてくれる生徒が増え、学年が上がるにつれ社会科好きが減る悲しい傾向に歯止めをかけられたらと思います。

二〇二一年度から、中学校では新しい学習指導要領に基づく授業が始まります。「育成を目指す資質・能力の明確化」「『主体的・対話的で深い学び』の実現に向けた授業改善の推進」「『社会的な見方・考え方』を働かせた『思考力、判断力、表現力等』の育成」など課題山積です。

とは言っても、社会科はやはり内容教科、授業で取り上げるコンテンツの新鮮さ、おもしろさ、興味深さによって生徒の学習意欲を喚起するのが、真っ先に取り組むべき課題です。雑談ネタは、そのような授業コンテンツの一部です。どうぞ本書を参考に、オリジナルの雑談ネタ探しにチャレンジしてください。

授業するとき、講演するとき、文章を書くとき、座右の銘としている言葉があります。「むずかしいことをやさしく、やさしいことをふかく、ふかいことをおもしろく」。『ひょっこりひょうたん島』や『吉里吉里人』でおなじみの作家・井上ひさしの言葉です。はたして本書は、井上の思いをわずかでも実現した作品になっているでしょうか。読者の皆様のご意見をお願いいします。

最後になってしまいましたが、本書の編集をご担当いただいた明治図書の赤木恭平さんに、心より感謝申し上げます。原稿が遅くて、ごめんなさい。この点では、「遅筆堂」を自称していた井上に親近感を覚えています。

栗原　久

【著者紹介】

栗原　　久（くりはら　ひさし）

1959年生まれ。東洋大学文学部教授。専門は社会科教育学・金融経済教育論。筑波大学大学院修士課程教育研究科修了。埼玉県公立高等学校教諭，筑波大学附属高等学校教諭，信州大学准教授を経て，現職。著書に，栗原久編『中学校社会科定番教材の活用術：公民』東京法令出版（2010年）。学術論文として、「学習者の素朴理論の転換をはかる社会科授業の構成について―『山小屋の缶ジュースはなぜ高い』―」日本社会科教育学会編『社会科教育研究』（No.102，2007年）などがある。

授業をもっと面白くする！

中学校公民の雑談ネタ40

2020年２月初版第１刷刊　©著　者　栗　原　　久

発行者　藤　原　光　政

発行所　明治図書出版株式会社

http://www.meijitosho.co.jp

（企画）赤木恭平（校正）㈱東図企画

〒114-0023　東京都北区滝野川7-46-1

振替00160-5-151318　電話03(5907)6702

ご注文窓口　電話03(5907)6668

＊検印省略　組版所　株　式　会　社　カ　シ　ヨ

Printed in Japan　ISBN978-4-18-275912-3

JASRAC 出 1912635-901